彼をお金持ちにする方法

臨床心理学博士・心理カウンセラー
Dr.タツコ・マーティン

Dr. Tatsuko Martin

はじめに

「彼がもっとお金を稼いでくれたら、暮らしも楽になるのに……」
「K子の旦那さんみたいに、一生懸命働いてくれればいいのに……」
「もっと経済力のある人と一緒になればよかった……」

ロサンゼルスにある私のカウンセリングルームには、このような不満をもらす女性たちが、毎日のように訪れます。

この本を手にとっていただいたあなたも、もしかしたらあなたの彼に対して同じような気持ちを抱いているのではないでしょうか？

こうした思いを持つことは、女性であれば当然です。いくらキャリアがあり稼ぎがあっても、女性に子どもを産み育てる役割がある限り、彼に経済力があることは重要な条件になると思うからです。彼の経済力次第で、安定した暮らしをキープできるかどうかが決まってしまうと言っても言い過ぎではないでしょう。

しかし、本当に彼をお金持ちにしたいなら、彼に対して少し慎重に言葉を選んだり、行動をとったりしなければなりません。

男性は、特に「お金に関する考え方」に対しては、女性とはまったく異なる思考を持つので、**女性が自分の価値観で物を言ったり、相手のことを決めつけたりすると、たちまち彼のやる気を失わせ、お金を稼げない男性にさせてしまう**からです。

これではますます悪循環！

お互いに尊敬の念が薄れ、心も離れてしまうでしょう。


そんな事態に陥らないように、この本では、私が日々クライアントたちに教えている〝彼をお金持ちにするとっておきの方法〟を公開することにしました。

彼にやる気があろうとなかろうと関係ありません。女性の言葉ひとつ、態度ひとつで、彼のお金に関する態度が変わってきます。これらの手段は、あなたが実践しさえすれば、確実に効果が現れるものばかりです。

実際に、この方法を実践したクライアントからは、「夫の事業が軌道に乗り出した」「彼が好条件の会社にヘッドハンティングされた」「パートナーが異例の昇進を果たした」など、うれしい声をたくさんいただいています。

それだけではありません。彼と離婚まで考えていたような人が、今では仲むつまじく暮らしているなど、ふたりの関係も劇的に改善しているのです！

この本では「お金に関する男性と女性の心理の違い」「なぜ女性が男性をお金持ちにするカギを握っているのか」をしっかりと頭に入れたうえで、3章からの実践に入るようにしました。男性心理を学ぶことで、なぜそれを実践すると効果があるのかを自然と理解できるようになるはずです。

この本に書いてあることを始めれば、**彼が稼げる男に変わるだけでなく、彼との良好な関係を構築していくこともできる**でしょう。

だまされたと思ってぜひ、試してください。

あなたからの素敵な報告を待っています！

Dr.タッコ・マーティン

はじめに　3

第1章 彼をお金持ちにする前に知っておきたい〝男と女の違い〟

●女性の何気ない会話が彼のプライドを傷つける　16
●仕事で成功できなければ心から満足できない男性　18
●女性は尽くしがいのある男性に恋をするが、
男性はいい気分になれる女性に恋をする　20
●仕事も家事も育児も全部をこなせる男性はいない!?　23
●現実に生きる女性と過去の栄光を糧にする男性　26
●男性は挑戦する目標を失うと生きる屍になる　28
●男性は女性が思う以上に女性のことを知っている　32

第2章

男性が自信をつけるカギは女性が握っている！

- ダイヤモンドの原石を磨くのは女性の仕事　38
- 夫を成功へと導いた賢妻たち　40
- マザコン男性ほど成功する!?　44
- 「従順な女性」と「賢い女性」の違い　49
- 男性の好奇心をそそる「どじょう女」「うなぎ女」「なまず女」になろう　51
- 「彼をお金持ちにする方法」を試すと、彼を尊敬する念が戻ってくる　60
- あなたが変われば彼も変化する　64

コラム　仕事ができる女性ほど気をつけなければならないこと　58

第3章

彼をお金持ちにする魔法の「リッチアクション」

リッチアクション

1 彼の頭からリミットをはずす 68
2 趣味を大いに勧める 70
3 軽いスキンシップで彼の心にうったえる 74
4 精神的お灸で「お金＝ぬくもり」と刻み込む 76
5 彼を子どもに還らせる 78
6 彼のことを子ども以上にケアする 80
7 彼が元気づく映画を見せる 82
8 多少無理をしてでも高価な物をプレゼントする 84
9 彼にがんばってほしいなら前払いをする 86
10 彼が黙っているときはそっとしておく 88

11 「これを見るとやる気が起こる」シンボルとなる物を置く 92
12 力がわいてくる音楽を聞かせる 94
13 彼の大好物を不定期に食卓に出す 96
14 彼が仕事に行くときは玄関で見送り、帰ってきたときも玄関で出迎える 99

● その他のリッチアクション 102
● 絶対にやってはいけない3つの「プアーアクション」 105

コラム
ゲームをし続ける男性の心理とは？ 72
彼が引きこもりがちなときは要注意！ 91
彼が帰りたくなる家と逃げたくなる家 111

第4章

彼にお金が舞い込む奇跡の「リッチワード」

●「プアーワード」から「リッチワード」に変えましょう！ 116

ケース1 降格されてお給料が下がってしまった彼に 120

ケース2 今の仕事に文句ばかり言っている彼に 120

ケース3 夢ばかり追いかけて全然お金にならない彼に 121

ケース4 仕事から帰ってきて落ち込んでいる彼に 121

ケース1～4の解説 チームワークを感じさせる言葉が彼の心を揺さぶる 122

ケース5 友人の旦那さんが昇進したことを話すとき 126

ケース6 一戸建ての家に住みたいという話題を出すとき 126

ケース7 自分の父親の仕事について話すとき 127

ケース8 昔のように活躍できない彼に 127

ケース5～8の解説　競争心を駆り立ててモチベーションを上げる　128
ケース9　おもちゃで遊んでいる子どもの近くに彼がいるとき　130
ケース10　休日に子どもの世話をしてもらったとき　130
ケース11　彼に聞こえる距離で友達と電話をしているとき　131
ケース9～11の解説　彼を王様気分にする　132
ケース12　経済的に厳しいのでパートに出たいとき　136
ケース13　子どもの塾代がかかることを伝えるとき　136
ケース12～13の解説　彼の稼ぎが少ないことをにおわせない　137
ケース14　次の仕事が見つからない彼に　138
ケース15　失業して何をやりたいのかわからなくなっている彼に　138
ケース14～15の解説　軌道に乗るきっかけを作って彼を導く　139

リッチワード

1　ほめるときは仕事につながる能力をほめる　144
2　彼の自慢話に「でもね……」は禁句　146

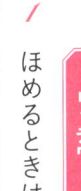

3 ネガティブな面ではなくポジティブな面を強調する 148
4 ポジティブな言葉のシャワーをかける 150
5 彼が帰ってきたら、仕事の様子をさりげなく聞く 156
6 小言ではなく心配していることをアピールする 158
7 心の中の言葉を変える 164
● その他のリッチワード 166
● あなたもやっていない？ 彼のやる気を失わせる4つの話し方 176
コラム 彼が「会社を辞めたい」と言ったら…… 124
なんでもできる女性ほど彼を頼ろう！ 134
無職からリッチな銀行マンに転身！ 142
ひと月30万円が、1日で50万円を稼ぐように！ 153
彼がリストラされた直後の言葉がけ 160
彼があなたに言いたいけれど言えない言葉 182

第5章

彼の「エゴレベル」で変わる！最短で効果を出す方法

●彼をお金持ちにする近道は「エゴレベル」によって異なる　186
●エゴレベルが中間の人の貧乏メンタリティーに注意！　198
●あなたの彼はサラリーマンタイプ？　自営業タイプ？　202
●エゴレベルは接し方次第で変わる！　205
●結婚前の女性が知っておきたい彼を選ぶ条件　207
コラム　お金持ちになる可能性の高い彼の見分け方　209

第6章

「リッチアクション」「リッチワード」を上手に実践するためのQ&A

Q1 子育て、家事でやることが山積み。彼に優しくできません。 212
Q2 年々収入ダウン。節約疲れで彼を励ます気になれず……。 214
Q3 彼を助けたいけれど、どうしても実践する勇気がでません。 216
Q4 何もしてくれない彼を、なぜほめなくてはいけないの？ 218

おわりに 222

第1章

彼をお金持ちにする前に知っておきたい〝男と女の違い〟

女性の何気ない会話が彼のプライドを傷つける

「あぁ～、今月の電気代、ずいぶん高くなっちゃった……」
「エアコン、買い換えたいけど、来年まで我慢して節約しようかなぁ～」

あなたにとっては何気ない会話かもしれませんが、これらの発言は、男性のプライドを傷つけていることをご存じですか？

じつは、**男性にとって「経済力＝自分の価値」とダイレクトにリンクしています。**

ですから、少しでもネガティブなニュアンスでお金の話をされると、「俺の稼ぎが少ないってことか？」と疑ってしまうのです。

女性からすると、「なんでそんなふうに思うの？」と不思議に思うかもしれませんが、女性が体重のことやウエストラインのことに触れられると傷つくように、男性にとって経済力につながることに触れられることは、もっとも傷つくのです。

それに加えて、この世の中は一般的に、男性は〝家の大黒柱になるのが当たり前〟〝働いてお金を稼ぐのが当たり前〟という風潮があります。

そのため、〝稼ぎが少ない自分（稼げない自分）〟に対し、「俺はなんてダメなやつなんだ」と自分で自分にレッテルを貼ってしまうのです。

また、〝男のくせに弱音を吐くなんてみっともない〟という一般概念もあるので、男性は泣いたり、グチを言ったりすることもできません。

こうして、心の中にネガティブな感情をため込み、ますますプライドが傷ついていくのです。

仕事で成功できなければ心から満足できない男性

先ほど、男性にとって、「経済力＝自分の価値」とお話ししましたが、なぜ男性にとって仕事がそこまで重要な意味を持つのでしょうか。

はるか昔、原始時代、男性は獲物を捕らえて家に持って帰ることで家族を餓死させることなく養ってきました。一方、女性は子どもを産み育て、家族を守ってきました。これら男性と女性の役割は、何百万年を経た今も変わることなく、ＤＮＡに刻み込まれていると考えていいでしょう。

現代では狩猟をする必要はありませんが、狩猟の代わりとなるのが〝仕事〟です。

仕事で成功をしてお金を家に運んでくることこそが、男性としての価値につながっ

ているのです。

そのため、「家族を養わなければならない」という意識は、女性とは比べものにならないほど深く潜在意識に根付いています。

実際、男性に「自分を誇らしく感じるのはどんなとき？」と聞くと、ほとんどの男性が「仕事がうまくいっているとき」と答えます。

営業成績でトップになり会社で表彰された、大手企業との契約を取りつけた、世の中に役立つ商品を開発することができた……など、目に見える形での成功を成し遂げたときに、心から満足感を得るのです。

彼が怠けている姿を見たら、「もっと仕事、がんばってよ！」のひと言ぐらい言いたくなりますが、彼の仕事を批判することは、男性としての根源的な要素を疑っていることと同じ。

だからこそ、仕事の話をするときは注意深くならなければいけないのです。

女性は尽くしがいのある男性に恋をするが、男性はいい気分になれる女性に恋をする

じつは、男性と女性では大切なことの優先順位が違います。たとえば、恋愛を例にとると、女性は尽くしがいのある男性に恋をしますが、男性は一緒にいて自分がいい気分になれる女性に恋をします。

つまり、男性がもっとも優先することは、相手ではなく〝自分自身〟。これは恋愛に限らず、すべてのことに共通します。

ですので、どんなに子煩悩で家族思いの素晴らしいご主人だとしても、「家族のためにもっといい仕事に就いてね」という妻の言葉は心に響きません。がんばる対象が自分以外だからです。

一方、「あなたの能力だったら、今の仕事よりももっといい仕事がみつかって当

然。きっといい仕事を探せるわ」と言われると、がんばる対象が自分自身になるので、「そうか、やってみよう」という気持ちになるのです。

さらに、男性は信頼しているパートナーや子どもから英雄扱いされることが何よりもうれしいので、「さすがね！」「すごいわね！」などとほめられると、心地よくなり、もっとやる気をあげていきます。

つまり、**彼の心に響くのは、家族のためではなく、自分のための言葉**なのです。

それでは、彼はパートナーや家族のことをまったく考えていないかというと、そうではありません。

優先順位ナンバー1は自分ですが、その次は、精神的な糧となってくれるパートナーであり、家族です。守るべきものがあるから、自分の価値を高めてがんばろうとするのです。

このように男性と女性には考え方の違いが存在します。それを踏まえた上で、これからお伝えする方法を実践してください。気がつけば、彼はあなたに豊かな富を運んできてくれる男性に変身しているはずです。

彼をお金持ちにする重要ポイント

● 彼をお金持ちにしたいなら
絶対にお金のことに触れてはいけない。

● 男性にとって、仕事の話は
そのまま自分の価値とダイレクトに結びつく。

● 男性は「家族のため」より「自分のため」に動く。

仕事も家事も育児も全部をこなせる男性はいない⁉

先日、クライアントの女性から、「うちの夫は家事や育児はやってくれますが、収入が少ないので生活が大変。彼にもっと稼いでもらいたいのですが……」と相談がありました。

このような悩みを訴える女性は大勢います。女性がそう望む気持ちもよくわかります。仕事もすれば、子育てもする、料理・掃除もして、あいた時間で趣味も楽しむ……このように、一度にいろいろなことを器用にこなせる女性にとっては、家事と育児と仕事を両立させることは、決して難しいことではないからです。

しかし、男性にとって、何でもこなしてほしいという女性の願いは無理難題にしか聞こえません。男性は、一度に一つのことしかできない生き物だからです。

原始時代、狩りで獲物をしとめるという役割のあった男性は、狩りの最中に他のことを考えてしまったら、獲物を逃すか、その獲物にすきをつかれ、逆にやっつけられてしまいます。

男性の潜在意識の奥底には、「生存するためには、とにかく一つのことに集中せよ」という何億年来のメッセージが、生存の知恵として刻み込まれていると言っても言い過ぎではないでしょう。ですから、**男性に仕事でがんばってほしいと思うのなら、限られたエネルギーを外に向けられるように、家事や育児の負担を減らしてあげることが必要**かもしれません。

この話を聞いて、女性のみなさんは「何を甘えたことを……。女性は会社でもバリバリ働き、家でも家事や子どもの世話をしています！」と思うかもしれません。本当にその通りですよね。

しかし、男性と女性は長い歴史の中で潜在意識に刻み込まれた情報が異なります。そのことを心にとめて彼を見ると、彼の気持ちが理解できるかもしれません。

✲男性は家庭の外での挑戦が必要

男性は、家庭の外で大きな課題に挑み、成功して価値をあげ、恋人や家族に英雄と思われたい、それが叶えば命をかけてもいいとさえ思える存在です。

ですから、男性が家の中で家事や育児だけで満足することは難しいでしょう。シェフであれば別ですが、それを仕事にしていない男性が家でいくらおいしいご飯を作っても、英雄にはなれないからです。

なかには本当に家事や育児が好きで、それを心から好む男性もいます。そのような男性のパートナーとなる相手は、男性的な要素の強い女性だったりします。

私たちは誰でも、男性的要素と女性的要素を持ち合わせていて、これらの要素は、人によって強かったり、弱かったりと異なります。ですから、あなたがこういう男性のほうがしっくりくるのであれば、それはそれでいいのです。

選択するのは、あくまでもあなたなのです。

現実に生きる女性と過去の栄光を糧《かて》にする男性

社会の中で、日々、黙々と仕事をこなしている男性は、現実派で合理的と思われますが、じつは女性のほうがその傾向が強いものです。

たとえば、男性の場合、プロジェクトチームのリーダーを担った、自分のアイデアが表彰された……など輝かしい過去があると、いつまでも過去の話を持ち出しては思い出に浸るものです。

それに対して、女性はとても現実的。過去にどんなに素晴らしい活躍をしても、そこに浸ることはなく、生活を維持することを考えます。

夢を持っていても経済的に実現できそうになければ、違う形で夢を叶える可能性を考えたり、ときには、夢をあきらめて生活を優先させるなど、現実を直視するのが女性です。

そんな現実的な女性は、過去の栄光に固執して、いまだに夢を見ている男性を見るとイライラすることもあるでしょう。

しかし、**男性は自分が活躍していたときのことを思い出すことで、必死に自分のモチベーションをあげているのではないか**と思うのです。

男性は女性以上にロマンチストで、夢がないと生きていけません。夢の中に自分の価値を見いだすのが男性です。ですから、昔華やかだったときの思い出は、まさにやる気を起こさせるランドマークのような存在。

彼がこの現実社会で生きていくために必要なものなのです。

男性は挑戦する目標を失うと生きる屍《しかばね》になる

男性と女性の違いはたくさんありますが、なかでも大きな違いは、挑戦することが生きがいになるかどうか。

長い歴史の中で、女性のＤＮＡには、「家庭を築く」というはっきりした目的が刻み込まれてきました。そのため、あえて挑戦する目標を持たなくても仕事をすることができますし、仕事以外の穏やかな時間に生きがいを見いだすこともできます。

一方、男性のＤＮＡには「仕事がナンバー1」と刻み込まれているので、優先順位の一番はいい仕事をすることです。そのため、**男性は「必ずトップになる」「この事業を成功させる」など、何かに挑戦することを目標に仕事をします。**

それを生きがいにさえするので、仕事で挑戦する目標がなくなってしまうと、お金を稼ごうという意欲がどこかへ飛んでしまうばかりか、生きる屍になってしまいます。

✲生きる意欲をなくした父

私の父はつい最近亡くなりましたが、父の魂はすでに3年くらい前から抜けていたような気がしてなりません。それは、1年に1、2回ほど帰国したときに、父の空洞のような目を見て悟りました。

というのも、父は退職後、趣味で始めた写真に夢中になっていました。そんな折、米国まで私の大学の卒業式に来てくれたのです。父は重いカメラを抱え、サンフランシスコのゴールデンゲートブリッジの写真などをたくさん撮っていました。

私はそんな父の趣味を見て「お父さん、すごい！　これ売ったら、お金になるかもよ」と言うと、照れながらも「そうかなぁ～」とうれしそうにしていました。

その後、帰国して間もなく、父はこれまで以上にあちこち出かけては写真を撮り、ついには写真展を開くまでになったのです。

父は、若い頃は念願の高校教師として、生徒にとってよい教師であろうと常に目標を持って努力をしていました。

そして、退職後は優れた写真を撮ることが、父の生きがいに代わりました。プロとして通用するほどまでに腕を上げた父は、写真という趣味を通して、新たな挑戦をしていたのです。

このように元気な父でしたが、約3年前に腰を痛めたことがきっかけで、写真を撮れなくなり、家にこもりがちになりました。父にとっては唯一の生きがいであったことができなくなり、それから生きる意欲もなくしてしまったと思っています。

これは父の例ですが、あなたの彼にも置き換えてほしいのです。**彼が挑戦する目的をなくし、生きがいを見いだせていないなら要注意です。**

彼の変化に気づいてあげられるのは、近くにいるあなたなのです。

No.1

男性は女性が思う以上に女性のことを知っている

目的をなくし、家でゴロゴロしている夫や彼を見ると好ましく思えず、ついイライラした感情を抱きがちですよね。あなたはそれを態度や言葉に出していないつもりでも、彼は「きっと陰で俺の悪口を言っているに違いない」「俺のことを軽視している」と鋭く察知します。それは、彼の心が不安定だから。

不安定な人ほど120%、自分の周りのことをいろいろ感じているものです。

犬にたとえれば、神経を張りめぐらし緊張している犬は、常に周りの気配をうかがい、ちょっとした変化にも吠えたり、そうかと思えば、イスの下に隠れたりと、敏感に反応します。

反対に、リラックスしている犬は、あまり周りを気にすることもなく、けっこう気を抜いているため、少しぐらいのことでは反応しません。

これに当てはめると、収入が少なく肩身の狭い思いをしている彼は、緊張している犬の部類。パートナーが満足していなかったり、子どもが自分をバカにしていたりする雰囲気は、言わなくても分かっているものです。

だからこそ、これからは不満に思うのではなく、この本を読んで、彼に対する態度を変えましょう。そうすれば、彼との良好な関係を育むことができるでしょう。

✲男性は樫《かし》の木、女性は柳の木

私は、つくづく、男性は樫の木、女性は柳の木だと思います。

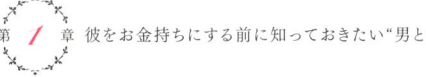

樫の木は幹が太くどっしりとかまえていますが、柳の木は細くしなやかに生えています。しかし、どちらのほうが頑丈かというと、柳の木のほうです。

しなやかな柳の枝は、嵐がくれば枝を地面につけて嵐が去るのを待ち、雪が降れば枝をくねらせて雪の重みを耐え抜きます。そして、嵐や雪が去れば、枝を元通りに持ち直し、その場で長く生き続けます。

これはまさに、女性を表しているように思いませんか？

一方で、樫の木はある程度までの嵐には耐えられても、激しい雨風には太刀打ちできず、幹からポキッと折れてしまいます。これは男性の象徴です。


実際、妻に先立たれた夫はショックからなかなか立ち直れず、生きる気力をなくしてうつ状態になったり、さみしさをまぎらすためお酒に走ったりしがちです。しかし、夫に先立たれた妻は、一時的に落ち込んでもすぐに立ち直り、女性同士で旅行をしたり習い事をしたりと、けっこう楽しく過ごしているものです。

つまり、**男性は強いように見えても、大きなストレスがかかれば折れてしまう弱い存在**と言っても言い過ぎではないかもしれません。


男性と女性はまったく別の人種であることを頭に入れて、次の章を読み進めてください。そうすれば、あなたの男性に対する見方が変わることでしょう。

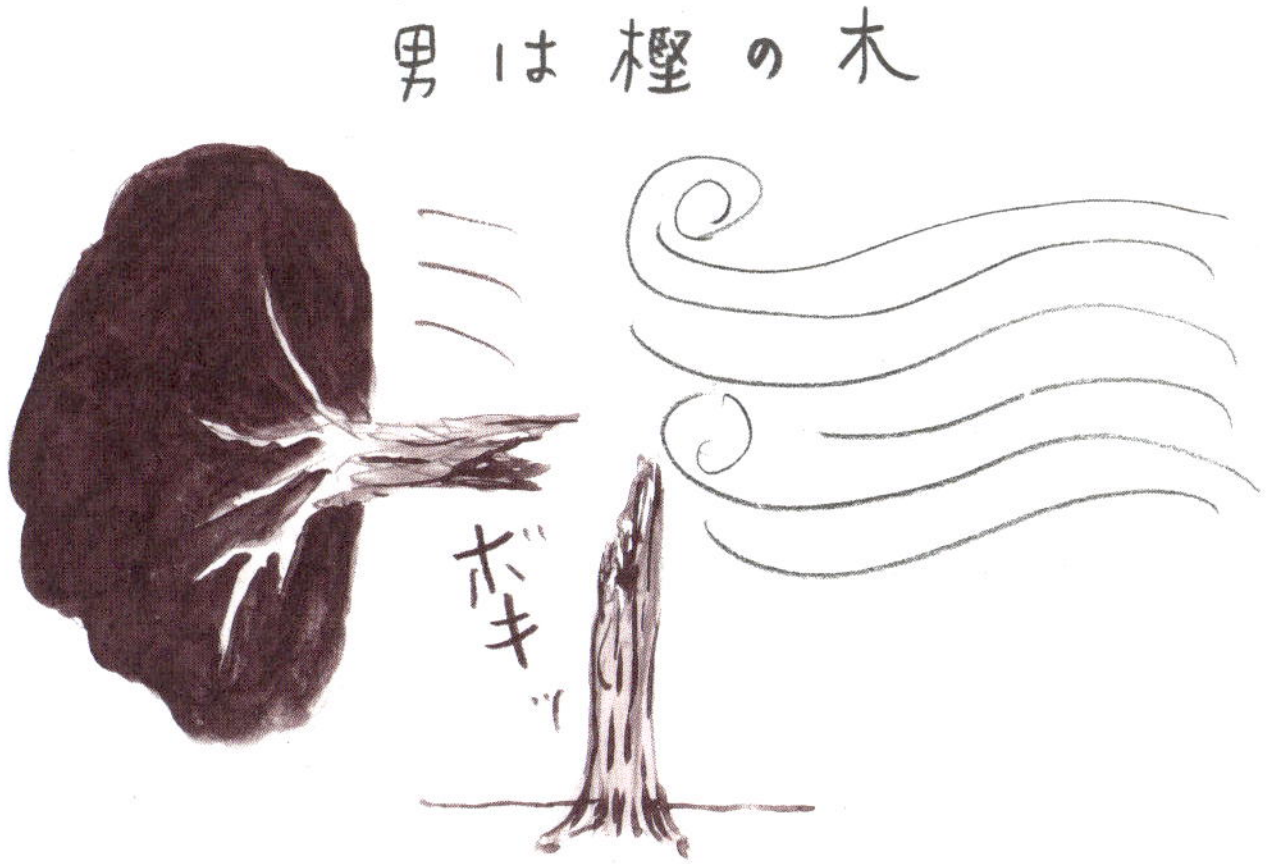
男は樫の木
ボキッ

女は柳の木

彼をお金持ちにする重要ポイント

- 男性は一度に一つのことしかこなせない。
- 男性は、家庭の外で大きな仕事に取り組むことで満足する。
- 男性は、過去の栄光に浸ることでやる気を起こす。
- 男性は、目的をなくすと、生きる意欲を失う。

第2章

男性が自信をつけるカギは女性が握っている！

ダイヤモンドの原石を磨くのは女性の仕事

今、この本を読んでいるあなたは、彼がもっとお金を稼いでくれたら、もっと仕事をがんばってくれたら……と思っている方がほとんどでしょう。

それには彼の価値を上げる必要があります。

彼が自分を価値ある存在だと思えれば、それがいい仕事につながり、その結果、お金が入ってくるという順番になるからです。

しかし、あなたの彼が「どうせ俺は出世なんてできない」「上司に目もかけてもらえない」「何をやっても失敗ばかり」とすっかり自信をなくしている場合、どのようにして彼の価値を上げればいいでしょう？

それは、**パートナーであるあなたが彼を励ますこと**です。

仕事がうまくいかず自分の価値が下がっていると感じている男性は、自分で自分の価値を上げることができません。しかし、愛する人から「あなたってすごい！」「さすがね」と崇《あが》められるためなら、どんなことだってするのです。

だからこそ、あなたは、どんなに彼が彼らしくない仕事をしていても、絶対にその仕事をけなしたり、さげすんだりしてはいけません。

彼をお金持ちにしたいと思うなら、あなたは彼の価値を上げるお手伝いをすることです。こんなときほど、彼には、愛する人からの絶対的な信頼が必要なのです。

自分をとことん応援してくれる女性の存在があれば、彼は輝き出すでしょう。彼はダイヤモンドの原石なのですから。それをどのように磨き、どれくらい輝かせるかは、女性次第なのです。

夫を成功へと導いた賢妻たち

ここでは、夫が自分を信じる以上に夫の価値を信じて励まし、優しく誘導した結果、夫を仕事で大成功させ、世界的に有名な実業家にしてしまった、それは、素晴らしい二人の賢妻を紹介します。

✲カーネルサンダースを奮い立たせた妻

日本でも多くのチェーン店がある、ケンタッキー・フライド・チキン（ＫＦＣ）は、彼の妻、クローディアがいなければ存在しなかったかもしれません。

１９３９年、カーネルはオリジナル・フライド・チキンの製法を完成し、２年後、ケンタッキー州に大規模なレストランを作りました。１９４９年、元従業員のクローディアと結婚、１９５２年にはＫＦＣのフランチャイズ店を持ち、その後11年間で６００店舗、現在は世界１０５カ国地域に、1万７４０１店舗を持つに至っています。※1

クローディアはどこに行っても夫のチキンを売り、フランチャイズのオーナーたちを丁寧にもてなし、倉庫の管理をして、それは懸命に働いたそうです。

その中でもカーネルが忘れられない光景は、夜汽車に商品をのせるため、夜遅くまで鉄道の駅で働いてくれた妻、クローディアの姿だったと言います。※2

クローディアは、カーネル以上にビジネスセンスがあったのでしょう。しかし、カーネルがもっともよく覚えていることは、妻の仕事の能力でなく、会社と自分のために夜中まで一生懸命がんばってくれたけなげな姿です。

つまり、**男性は「そこまで自分に尽くしてくれる」ことに感動を覚え、自分を応援してくれるパートナーのためにがんばらなければ**と思うのです。

※1　ＨＰ「日本ケンタッキー・フライド・チキン株式会社」２０１１年12月現在
※2　2/6/05, Ancestry.com: Obit: view point by Elaine Lorinczi

✲自動車の父、ヘンリー・フォードを支えた妻

世界的企業の自動車メーカー、フォード・モーター・カンパニーの創業者、ヘンリー・フォードの生涯にわたる最高のサポーターは、妻のクララでした。

ヘンリーは16歳で学校を中退し、デトロイトで電気エンジニアとして、安月給で1日10時間働いたそうです。

それでも仕事から帰ると、納屋でエンジンの試作を続けました。父親や近所の人たちはそんなヘンリーを見て、「くだらないことをしている」と笑ったそうです。

そんな中、妻のクララだけは彼を信じ、暗くなると納屋に石油ランプを運んで手元を明るくし、「あなたのエンジンは絶対に動くから」と言って励まし続けました。

3年ほどたったある晩、近所の人がすごい音に起こされたといいます。そこには、車に乗って道を走る、ヘンリーとクララの姿が！

こうしてヘンリーは、ついに、原動機付四輪車の発明にこぎつけたのです。※3

✲彼の成功を願うならチームワークが不可欠

この2つの話から分かることは、**彼を成功させたいなら、彼の価値を上げるだけでなく、パートナーとしてのチームワークも必要**ということです。

「あなた、もっと稼いでよ！」と、他人事のように、彼だけに責任を負わせては、彼は成功できません。男性は尊敬できない家族メンバーのために働こうと思わないからです。彼をお金持ちにしたいなら、あなた自身も彼とともに「お金を稼ぐ」ための責任を持ってほしいのです。

「彼をお金持ちにしたい」と願う女性たちに私がよくアドバイスすることは、「**彼が自分を信じる以上に、あなたが彼を信じなくてはいけない**」ということ。

クローディアやクララのように「あなたを信じている」「必ず成功するから」と彼の最大の味方になることが必要なのです。

このように、成功している男性のそばには、必ず賢い女性がいるのです。

※3 『How to help your husband get ahead』 by Dorothy Carnegie, Pyramid Publications

マザコン男性ほど成功する⁉

どんなにカッコよく、仕事ができても、〝マザコンの男性〟と聞いた途端、顔をしかめる女性は多いでしょう。

しかし、成功する男性ほどマザコンかもしれません。

年商数十億のＩＴ企業を経営する知人男性が、私に次のような言葉を語ったことがありました。

「男は弱い生き物なんだよ。そして、男はみんなお母さんが大好きなんだ。でも、これこそが成功の秘訣だと思うよ。実際、大成功している男性はみな、お母さんっ子だよ。マッカーサーや元大統領のアイゼンハワー、ケネディー、カーター、レーガンもそうさ。われわれ男性にとって、母親の存在は絶対なんだ」

We love MAMA
MacArthur
John.F Kennedy
Carter
Eisenhower
Reagan

ここで大切なポイントは、**男性を成功させるには、母親というよりも、自分のそばに強い女性の存在が必要**だということです。

母親であれば、たとえできの悪い息子でも、「この子には物を作る才能がある」「心の優しさなら誰にも負けない」など、息子のいい面をたくさんみつけ、とことん信じるでしょう。

母親が息子を信じる気持ちは、息子に自信を湧き立たせるのです。

よく母親たちが、「娘は嫁に行ってもよく実家に顔を出してくれるけれど、息子は結婚すると実家に寄り付かなくなる」と言いますが、これは母親に代わる強い女性が現れたので、その意味で母親は必要なくなったからです。

あなたも、彼の母親のように彼を信じてください。その気持ちが彼をお金持ちにするのです。

受精のしくみは男性と女性の関係そのもの！

なぜ女性はこんなにも強い存在なのでしょうか？

私は受精のしくみにもそれが表れていると思います。

どういうことかというと、男性は1回の射精で1億個以上の精子を出すと言われています。それに対して、女性の卵子はたった1個。

1億個以上の精子がいっせいに、1個の卵子に向かって大競争を始めるのです。ゆっくりやさんの精子や、馬力のない弱い精子は脱落していくでしょう。

そんな過酷な生存競争を続けている最中、卵子は卵管でどっしりとかまえて一番に到達する相手を待つのみです。

その神秘的な受精のしくみは、まさに男性と女性の関係を表していると言えるのではないでしょうか。

男性には、膣の中だけでなく、現実世界でも強い女性が必要なのです。

彼をお金持ちにする重要ポイント

● 彼の価値を上げるのは女性の仕事。

● 彼に成功してもらいたいなら
パートナーとのチームワークが必要。

● 彼が自分を信じる以上に
あなたが彼を信じなくてはいけない。

Dr.Tatsuko Martin

「従順な女性」と「賢い女性」の違い

ここでひとつ、誤解してほしくないことがあります。

彼の成功を願い、彼に尽くし、彼を立てる女性になることは大事ですが、だからといって、彼の言うことになんでも従う女性になれと言っているわけでは決してありません。

男性になんでも従う女性を「従順な女性」と言ったりしますが、彼をお金持ちにしたいならその逆で、言うべきときはハッキリ言うくらいの気迫が必要です。

米国の食品メーカーのK社長は、以前私に次のように語ってくれました。

「今だからこそ安定した生活をしているけど、9年前に会社が倒産するかどうかでピンチになったことがあったんだ。そのとき、自暴自棄になって、愛人まで作ったことがあって……。そしたら、妻にそれはすごい剣幕で怒られたよ。相手の女性に電話をして『もう一切うちの主人とはかかわらないでください！』って。

でも、その後はサッパリしたもんさ。それ以来、二度と愛人の話は持ち出さないし、それどころか、『あなたは絶対にこの危機を乗り越えるって、私、信じてるから』と、悪さをしたことを責め続けることなく、また応援してくれたんだ。

僕はこんな立派な妻に逃げられたくないと思ったよ。だから、もう二度と浮気はしない。僕は社長っていっても、妻がいなければやっていけない男なんだ。情けないっていえば情けないけど、そんな妻と巡り合えた僕は、ラッキーだと思ってるよ」

このように**言うべきことは言う代わりに、いつまでも引きずらず、ピンチのときには彼を支える賢い女性が、彼をお金持ちにするのです。**

みなさんもよくご存じの、クリントン元大統領の妻、ヒラリー夫人も、夫の不倫問題に悩まされながらも、夫の過ちを許し、弾劾裁判の渦中にあった夫を支えるという発言で、多くの女性たちから支持された女性の一人です。

彼をお金持ちにするためには、決して従順な女性になる必要はないのです。

男性の好奇心をそそる「どじょう女」「うなぎ女」「なまず女」になろう

あなたは、「この女性のためならお金を稼いでこよう」と男性に思わせるような女性になりたいと思いませんか？

それには、「スルスル女」にならなければいけません。

スルスル女とは、〝ちょっと油断するとスルリと逃げて他の男にのっとられる〟と男性に思わせる女性のこと。

男性は、ターゲットにした女性の心を射止めるまでは何でもしますが、一旦捕まえてしまうと、「彼女は自分のもの」とリラックスして、彼女に対するサービスや、彼自身の仕事さえも、張り切らなくなる傾向があります。

しかし、スルスル女は、男性にとって簡単に予想がつかないようなことをするので、「この女性は逃したくない！」と男性に限りなく尽くさせるのです。

スルスル女をパートナーにした男性は、彼女に贅沢な暮らしをさせてあげたいと思うので、仕事にも精を出すでしょう。彼女を大切に扱えば、自分の元から逃げないと考えるのでそれなりの努力をするのです。

みなさんの中には、「そんなのずるい考えだわ！」と思う人もいるかもしれませんが、これはずるいのではなく、賢いと言えます。

男性は女性以上に競争心が旺盛であることを知っている女性は、そんな男性の要素をじょうずに誘導してお金持ちにすることができるのです。

◎独身女性なら「どじょう女」

独身女性で、彼と一緒に住んでいない人は、自由に動ける極身軽な存在です。ですから、「**私みたいに素敵な女性を手に入れておきたいなら、最高の待遇にしないと逃げるわよ**」と、あたかも、小さくて機転の利くどじょうのごとく、すばやく身をかわすというイメージを、相手の男性の頭に自然に刻み込みます。

いまだに仕事に就いていないのんびりやの彼であっても、どじょう女にかかると、「他の男に取られてなるか」と慌てて仕事に就こうとしたり、会社勤めの彼ならあなたとの結婚生活を夢見て、急に仕事をがんばり始めたりします。

◎彼と同棲中なら「うなぎ女」

同棲中となると、どじょう女のように身軽とは言えない状態ですが、だからこそ、なおさら、彼に「逃したくない!」と思わせなければいけません。

それには、捕まえたと思うとスルッと彼の手から抜け、消えたかと思えばいつの間にか彼の手元でちょろちょろしたり

うなぎ女

して「**次は、何をするかわからない**」**うなぎのような女**になることです。

もし、結婚の約束もなく一緒に住み始めたとしたら、男性に「結婚などという面倒くさいことをしなくても彼女を簡単に自分のものにできた」と思わせることにもなり、粗末に扱われる可能性が出てきます。

極端な例で言えば、あなたに稼がせて自分は怠けたり、ギリギリの生活なのに、彼はまったく平気な顔をしていたり。

しかし、こんな彼でもあなたがうなぎ女になると、しっかり捕まえておきたいと思うようになるので、仕事に必死に取り組み始めます。

◎結婚しているなら「なまず女」

結婚して、「この女はどこにもいかない」と完全に男性を安心させてしてしまうと、それに甘えて、特に何の努力もしなくなる男性も出てきます。

なまずは、どじょうよりもうなぎよりも、大きくて迫力がありますが、やはり**結婚しても、夫にとってはスルリといつ逃げられるかわからない**（**あなたには、そんな気持ちはみじんもなくても**）**存在**でなければいけません。

夫にとって、あなたの存在はやっと手に入れた貴重なトロフィーでなければいけないのです。

なぜなら、トロフィーは誰もが欲しがるものだからです。夫は、このトロフィーを一生自分のものにしておきたいので、そのためには何でもするでしょう。

あなたが「高級車が欲しい」と言えば、夫は何とかそれを現実しようと、会社でも能力を発揮するでしょう。あなたが「もう少し広い家に住みたい」と言えば、何とかしてその願いを叶えようと必死になります。

✲スルスル女は彼に意外な一面を見せる！

では、スルスル女とは、いったいどんな行動をとるのでしょうか？

男性心理をついたテクニックで、彼を夢中にさせるスルスル女の具体的な行動について、その一例をあげてみました。

①彼に「キレイだな。他の男に取られたら困る」と思わせる女性。彼がいても自分を失わずに、外見、内面ともに自分を常に磨くことに余念がない。

②一日の行動を一部始終、彼に報告しない女性。夜、友達と食事をする場合は、「友達と夕飯の約束をしたからちょっと帰りが遅くなるかも」くらいにとどめます。彼は、「どこに行くのか」「何時頃帰ってくるのか」と聞いてくるでしょう。こうして、彼の好奇心を常にあなたに向けるのです。

③ときどき、彼に「あれ？　いつもと様子が違う。好きな人でもできたのか？」と思わせる女性。たとえば、「今日の夕飯は一人で食べて。昔の友達と会うことにしたから」「今週末もゴルフ？　そう、いってらっしゃい。私もやることがあるから、ちょうどいいわ」とさらりとかわします。
すぐに返事を必要としていない彼からのメールや電話には、しばらく対応しないというのも効果的。

Column

仕事ができる女性ほど気をつけなければならないこと

今の若い女性は、頭もよくてきぱきと仕事をこなし、洗練された美しさを感じます。社会で活躍する女性も多く、素晴らしいことですね。

しかし、そんな女性たちが共通して抱える悩みがあります。それは「なかなか結婚相手がみつからない」「彼がプロポーズしてくれない」というもの。

それは、もしかしたら無意識のうちに、男性に対して〝自分は仕事ができる存在〟であることを伝えてしまっているのかもしれません。

今は男女関係なく働く時代ですから、おおいに女性のみなさんにも活躍していただきたいのですが、男性は、**自分よりも仕事ができる女性、収入がある女性と一緒にいると、自分の価値が下がったような気がして、結婚に踏み切れない**のです。

もちろん、世の中には、自分よりも仕事ができる女性と結婚することを誇らしく思う度量の広い男性もいます。

しかし、たとえそうであっても男性の本能である「男は家族を養わなければならない」という気持ちは潜在意識に刻み込まれているはずですから、決して女性のほうが、仕事ができることや収入が多いことをにおわせてはいけません。

あなたが結婚を望むのであれば、弱い者を保護したいという男性の本能に訴えるべく「あなたといると安心するなぁ～。やっぱりあなたがいなきゃダメみたい」などと伝え、彼の自信を奮い立たせるように心がけましょう。

また、男性と対等に仕事をして経済力もある女性は、結婚をすると「私のほうが働いているんだから、もっと家事や育児をしてね」「なんでもっと強気な姿勢で仕事ができないの？」「そんな仕事の仕方じゃ、誰だって評価してくれないと思うよ」など、思いやりのない言葉を言いがちです。

このように言われた男性は、自分の価値そのものを否定されたような気がして、プライドが傷つきます。文句の一つも言いたくなる気持ちはわかりますが、ここは女性のみなさんが一枚うわてになって、賢い手段をとりたいですね。

「彼をお金持ちにする方法」を試すと、彼を尊敬する念が戻ってくる

彼をお金持ちにしたいなら、彼を信じ、ほめたたえることが必要不可欠ですが、こうすることで、あなたは思いがけないおまけを手に入れることになります。それは、**彼との関係が改善に向かうこと**です。

今までのあなたは、なかなか仕事をしてくれない、意欲的になってくれない彼を尊敬できないどころか、見下したり、嫌気がさしたりと、どうしても彼に優しい態度がとれませんでした。

「彼との関係を改善し、彼をお金持ちにしたいけれど、尊敬できない彼に優しい言葉なんてかけられない！」というのが、あなたの本心でしょう。

でも、そんな不満の中でも、彼に何とかがんばってほしいというその気持ちは変

わりません。もしそうであるなら、あなたは女優にならなければいけません。**実際には優しくなんてできなくても、女優になったと思えば、彼に優しい言葉をかけ、彼をほめることも可能になります。**

こうして彼への態度を積極的に変えると、そのうちあなたは不思議な心の変化を感じることでしょう。信じるフリをし続けることで、彼をなんとなく尊敬できる雰囲気が戻ってくるからです。

✲行動を変えると思考が変わる

じつは、人間にはいつもの慣れた思考回路があり、何か出来事が起こると、そこから自動的に思考が生まれ、その自動的思考に沿って感情が生まれ、その感情に適した行動をとるようになっています。

まず、62ページの上の図を見てください。いつもの思考回路のままでいると、ネガティブな思考が自動的に出てくるので、そこからはネガティブな感情が生まれ、

【いつもの思考回路】

出来事	自動的思考	感情	行動
彼が降格された	やる気のなさを見抜かれて、上司に目をつけられたに違いない	顔を見てるだけでイライラする！	「なんで降格されるの？なんかミスでもやらかしたんじゃない？」と冷たく言い放つ

ネガティブな行動へとつながります。

知らないうちにしていることではありますが、あなたが冷たい態度をとってしまうのは、このようなプロセスが踏まれているからです。

ところが、この思考回路は逆にたどることもできます。

63ページの上の図を見てください。ネガティブな感情を抱いてしまうような出来事が起こったとしても、まずは彼に対する行動を変えてしまうのです。

これが、私が言う〝女優になる〟という意味です。**女優になったつもりで、積極的に「行動」を変えることで、あなた**

【逆の思考回路】

出来事	彼が降格された
行動	演技でもいいので、「つらいと思うけど、あなたなら絶対ばんかいできるから、大丈夫」と声をかける
感情	なんとなく穏やかな気持ち
新しい思考	彼ならきっと困難もくぐりぬけてくれる。大丈夫！

の心境に微妙な変化が生まれ、ポジティブ思考へと変わっていくのです。

最初はもちろん、違和感があるでしょう。それでもしばらく、女優になりきってみましょう。

1週間でもけっこうです。すると以前と比べて、彼にポジティブな言葉を言うことにそれほど抵抗がなくなっている自分に気づくはずです。

今、彼に愛情がないと思っているあなたも、不思議と以前の愛情が戻ってくることを実感できるようになるでしょう。

あなたが変われば彼も変化する

「子どもにお金がかかるんだから、もっと稼いでね」

「○○さんちみたいに、あなたも早く昇進してね」

など、彼にはっぱをかけていませんか？


彼にはっぱをかけてやる気を出させようと思っているのかもしれませんが、彼ははっぱをかけられるほど、頑として動かなくなることを忘れてはいけません。

そうなのです。誰もが相手に変わってほしいと望むものですが、相手を変えることはできません。では、どうすればいいのでしょうか？

じつは、たったひとつだけ彼を動かす手段があります。

それは、あなた自身が変わることです！

「自分が変われば相手も変わる」——**その事実に気づいた女性だけが、彼の気持ちに大きな変化を起こす**ことになるのです。

その理由は、〝ドミノの説〟です。ドミノは、一つチップが倒れると、次のチップが倒れ、どんどん連鎖反応が起こります。こうして、ドミノと同様、あなたが変われば、彼の気持ちも変わってしまうのです。

あなたが彼を変えようと努力をしても、その努力はほとんどと言っていいほど実りませんが、あなた自身が変われば、彼を変える努力をせずに彼を変えることができるのです。

今までと同じやり方を続けたら、結局は同じ結果しか出ません。

そんなの時間のムダだと思いませんか?

最短距離で彼をお金持ちにするためにも、3章からの方法を取り入れてみましょう。必ず何かが変わるはずです!

彼をお金持ちにする重要ポイント

- 言うべきことは言い、肝心なときに彼を支える賢い女性になる。
- 彼の競争心、好奇心を奮い立たせる「スルスル女」になる。
- どんなに仕事ができても、女性のほうが能力があることをにおわせてはいけない。
- 彼を変えたいなら、自分を変える。

第3章

彼をお金持ちにする魔法の「リッチアクション」

リッチアクション 1

彼の頭からリミットをはずす

あなたの彼が「どうせ俺なんて認められるはずがない」「一生、少ない給料でほそぼそ暮らしていくしかない」と自信をなくしているときは、決してはっぱをかけてはいけません。その代わりに、彼を外の広い場所に連れ出しましょう。

これは、**彼の頭の中にある「自分はこれ以上大きくなれない」という観念を崩すために有効**です。たとえば、広い海を眺めに行ったり、満天の星空をふたりで眺めたり……。できるだけ、「無限」を感じさせるような場所に連れていくのです。

そして、ふたりでその広大な自然を眺めながら、会話の中で何気なく「無限の可能性を感じるわ」「なんて広いのかしら。素晴らしいわね」など、広がりを感じさせる言葉をちょこちょこと小出しにするのです。

そうです。これこそいい意味での洗脳。彼の潜在意識に、「自分は無限の可能性を持っている」ことを刻み込ませるのです。特に狭い部屋で仕事をしていたり、家にひきこもりがちな彼であるほど、広大な自然を見せてあげましょう。こうして、彼の頭の中にある「限界」という枠を、あなたがはずしてあげるのです。

ただし、例外があります。彼がうつ状態のときは、広大な自然よりも、身の回りにある小さな池や川などにしましょう。うつ状態のときに急に広い場所に連れていくと、もっと自信をなくす恐れがあるからです。

こういう場合は、徐々に彼の頭を慣らしていくことから始めます。

◆リッチアクションの法則

広大な自然を眺めながら、
彼の持つ無限の可能性に気づかせよう

リッチアクション2

趣味を大いに勧める

「仕事もろくにしない彼に趣味を勧めるなんて、そんな寛大にはなれない」「趣味をする時間があったら、仕事をしてほしい」と思う女性も多いでしょう。

しかし、男にとって趣味の時間を持つことは、女性以上に必要です。

それは、**仕事とはまったく無関係な趣味に没頭することで、自分だけの心の空間を作ることができる**からです。

職場にいけば、理不尽なことを言う先輩、正当に評価してくれない上司、クレームへの対応……など、ストレスでいっぱいでしょう。

そんな中で、モチベーションを高めて仕事をするには、自分の気持ちを癒せる時間、つまり、ありのままの自分でいられる時間が必要なのです。

また、**男性はひとつでも生きがいと思えることがあると、それが仕事や家庭など**

他の面を活気づけることにつながります。

私のクライアントの女性は、危ないからという理由で、夫がバイクに乗ることを禁止していましたが、その趣味を勧めたところ、彼は自信を取り戻し、会社に対して「これだけの業績を挙げているのだから、もっとお給料をあげてほしい」と直談判。自分の価値を上げることに成功したのです。

彼にとって、バイクに乗ることは、バイクで自分のスタミナを試すことでもあり、バイク仲間と競う時間でもあったのです。彼は趣味を通して、自分の競争心を奮い立たせていたのです。

こうして、彼の気持ちを活気づけることは、仕事の面も活気づけることになるのです。

◆リッチアクションの法則

彼を趣味に没頭させて、自分だけの空間を作ってあげる

Column

ゲームをし続ける男性の心理とは？

休日になるとずっとゲームをしている、という男性は多いと思います。ゲームももちろん趣味のうちに入りますが、男性によっては、それほど興味があるわけではなく、日々の大変な現実から逃れるためにゲームをする人もいます。

現実逃避でない場合は、男性にとってゲームをすることは自分への挑戦なので、おおいに興奮し、ゲームをエンジョイします。男性は、もともと、競争心が強いので、常に何かにチャレンジしていないと気がすまないのです（男性は何かに挑戦して勝つことで、自分の中に価値を見いだします）。

本当は、現実社会の中で興奮できるような挑戦が必要なのですが、**仕事がうまくいかず、大きな挑戦もできずにいると、ゲームの中で興奮することで満足しようとする傾向もあります。**

ゲームばかりする彼を見て、「もう〜、ゲームばっかりして〜。たまには家のことを手伝ってよ！」と言いたくなるでしょう。しかし、そのように言う代わりに、「私も見ていい？」「一緒にやってもいい？」とときどきは参加をしましょう。そして、「やった〜！」と彼と一緒に大声をあげてエキサイトしてください。

「ゲームに興味をしめしたら、よけい調子にのるのでは？」と思うかもしれませんが、その逆の事が起きます。

彼はあなたを「チーム」だと思い始めます「一人じゃない。だから、どんなにつらい仕事でも勇気を出して挑戦しよう」という気になるのです。

つまり、家でやるゲームが、あなたの態度次第で、彼を「人生のゲーム」に立ち向かわせるきっかけとなるのです。

あなたがそばにいつもいてくれると思えば、彼はゲームをする必要性を感じることも少なくなり、回数も減る可能性が出てきます。

リッチアクション 3

軽いスキンシップで彼の心にうったえる

じつは、男性は女性以上にスキンシップを望む生き物。これは育てられ方に深く関係しているように思います。

男の子はいつまでもべたべたして甘えん坊と言いますが、小学校高学年くらいになると「もう赤ちゃんじゃないんだから……」と言われ、精神的には乳離れしていないにもかかわらず、母親や父親などに甘えられなくなりますよね。

成長して彼女ができても、自分から甘えることはなかなかできません。

一方、女の子は大きくなっても、母親と手をつないで買い物をしたりなど十分にスキンシップできる機会が多く、彼ができれば「ねぇ～、さみしいから抱きしめてよ」と平気で甘えたりします。

本当は男性もスキンシップを求めているのです。特に自信がないときほど、スキンシップをしてほしいはず。**触れられることで、ぬくもりやエネルギーを感じ、「僕**

を応援してくれている人がいる」ということを感じたいのです。

付き合って長かったり、結婚して時間がたつと、ふたりのスキンシップがなくなりがちですが、まったく触れ合わない状況は、彼の心にさみしさを与えます。

親とまったく口をきかない思春期の子どもたち、顔を見れば文句を言う妻……こんな家庭にいては、モチベーションが下がるだけ。仕事への意欲をなくし、さらに収入を低下させるだけです。

まずは、肩をちょっと触れるだけでもかまいません。「あなたなら大丈夫。信じてるから」という言葉とともに、軽くタッチをしてみましょう。それだけで、彼はやる気を出して、あなたにお金を運んでくるようになるでしょう。

◆リッチアクションの法則

彼の肩に軽くタッチして、ぬくもりを感じさせよう

リッチアクション4

精神的お灸で「お金＝ぬくもり」と刻み込む

あなたはお灸を体験したことがありますか？

身体のツボに火をつけたモグサで刺激を与え、不調を改善するという健康法です。

じつはそれと同様に、精神的なツボを刺激することで、彼をお金持ちにする方法があります。それは「**お金＝ぬくもり**」**というメッセージを彼の気づかないところで潜在意識に植え付ける**のです。

たとえば、テレビでお金持ちの男性が何かコメントしているときに、彼の手にそっとタッチしたり、なでたりしてあげます。

また、お給料や臨時収入が入ったときは、彼の手をさっととり、優しく握ってあげたりします。

このようにお金に関することを目にするごとに、お灸のように、あなたの手で、潜在意識にお金に対するポジティブな情報を植え付けるのです。

もちろん彼はそんな意図があることなど知りません。しかし、お金に関する場面を目にするたびに、あなたの手のぬくもりを感じることで、彼はなぜかわからないけれど安心した気持ちになります。

お金は温かく心地よいものというイメージが刻み込まれた彼は、もっとお金が舞い込むようなチャンスに恵まれるようになるでしょう。効果は抜群！　ぜひお試しください。

◆リッチアクションの法則
お金に関することを目にするごとに、彼にそっと触れる

リッチアクション5

彼を子どもに還らせる

あなたの彼は、子どもっぽいくせを持っていますか？

たとえば、アニメのテレビを見ながら急に大声でアニメソングを歌い出す、ご飯の後は必ず甘いものを食べる、興奮すると子どものようにはしゃぐ……など。「大人のくせにやだわ」と思わず、彼が子どもに戻りたいときは戻らせてあげましょう。

子どもを産み育てる女性は、自分が子どもになりたくてもなかなかなれませんが、子どもを産まない男性はいつまでも子ども。そして、彼のパートナーとなる人はそれを理解してあげないと、**彼は自分らしくいられる空間を失うことになるので、仕事はもちろん、家庭のことに対しても意欲が低下してしまう**のです。

私の夫は、以前、米国海軍のキャプテンを務めていました。キャプテンが妻を連れて船に乗るときは、大きな音で、汽笛をボーッ、ボーッと鳴らすのが慣習。部下たちがぞろりと並び、みな敬礼をする中、私は夫と腕を組んでキャプテンの部屋にエスコートされます。

そんなとき、彼は威厳のある態度で部下に臨みますが、一緒に彼の部屋に入りドアを閉めたとたん、彼はベッドにポンと飛び乗り、「ねぇ、ねぇ、今日、何があったか教えてあげる～」とまるで幼稚園児のように豹変してしまうのです（笑）。

最初は驚きましたが、それも彼の一部。そんな姿もすべて認めてあげることで、彼は強い女性のそばで安心し、本当の自分を出しながら、仕事という戦場で戦ってくるのです。

◆リッチアクションの法則

彼の子どもっぽさを受け入れて、
彼に子どもに還る時間を与えよう

リッチアクション 6

彼のことを子ども以上にケアする

よく子どもを持つ女性から「うちには大きな子どもが一人いるのよ」という話を聞いたことはありませんか？

大きな子どもとは、つまり夫のこと。

先ほど述べたように、男性はまだまだ甘えたいのです。だったら、本当に大きな子どもと思ってみてはいかがでしょうか？

それも**一番、優先すべき子どもと思う**のです。

たとえば、子どもとブロック遊びをしているときに、彼が「ちょっと来て」と言ったら、ブロック遊びを中断してその場に行ってあげます。子どもの宿題を見ているときに、彼が「新聞、取ってきてよ」と言ったら取ってきてあげます。

「そんなことぐらい、自分でしてよ～」と思うかもしれませんが、彼はあなたの大きな子どもなのです。

しかも、**あなたが子どもの面倒を見ているときほど、自分を一番に扱ってほしい大きな甘えん坊になります。**あなたの視線をひきつけたいので、「新聞、取ってきてよ」と甘えるのです。その証拠に、あなたが子どもの世話をしていないときには、自分でせっせと新聞を取りにいくでしょう。


以上のような彼の心理を理解してあげ、子どもに「待っててね」といってもさしつかえない状態であれば、彼のやることを優先してあげましょう。

すると、彼は気分をよくして、「子どものことが終わってからでいいよ」と言いつつも、十分に甘えられた満足感からやる気を出して、お金を稼いでくるのです。

◆リッチアクションの法則
彼は子どもの中でも、もっとも優先すべき子どもだと考える

リッチアクション 7

彼が元気づく映画を見せる

どんな映画でもいいわけではなく、これを見たら男性が元気になる、という内容の映画を見せましょう。

たとえば、スポーツ好きの彼なら、チームが逆境にあっても必死で努力をして優勝をつかみとるような映画だったり、音楽好きの彼なら、売れないミュージシャンがチャンスをつかみながら世界的に有名なミュージシャンにのぼりつめる映画だったり……。

こうして、**自分好みの力づけられる映画を見ると、男性はスーパーマンになったような気持ちになり、やる気がわいてくる**のです。

もうひとつ、男性に映画を見せるといい理由は、映画を見て泣けるからです。映画を見て泣く男性はとても多いものです。

というのも、「男なら泣くな」「男のくせに泣くなんてみっともない」と言われて育ってきた男性は、普段の生活の中で、つらいから、悲しいからという理由で涙を見せることができません。しかし、映画を見て感動したから、映画が悲しかったから、と映画にかこつけて泣くことなら比較的簡単にできます。

つらいことも、苦しいことも、外に出せず心にためてしまう男性には、思い切り泣く場所が必要です。今の自分が情けないと思っている人ほど、「泣きたいけれど泣けない」気持ちでいっぱいでしょう。

映画を見て涙で心のモヤモヤを流せば、気持ちを入れ替えて、やる気がわいてくるはずです。男性は映画の中の主人公のように、英雄になるために、エンジンをかけるようになるでしょう。

◆リッチアクションの法則

彼が元気になる映画を見せて、やる気をわき立たせる。
それと同時に、たくさん泣かせてあげる

リッチアクション 8

多少無理をしてでも高価な物をプレゼントする

男性にとって収入が減るということは、自分の価値が下がるということ。すると、急に贅沢をひかえたり、節約をしたりして、自信を失っていきます。

そんなときは、多少無理をしてでも彼に高価な物を贈りましょう。たとえば、彼がワイン好きなら、レストランで高級ワインを1本頼み、「あなたはこれくらいの価値があるのだから、当たり前よ」と言って、ワインを楽しませてあげましょう。

それを聞いた彼は、「そこまで自分を思ってくれるのか。高級ワインが飲めるような生活を当たり前にしてやりたいな」と気持ちを奮い立たせます。理解のあるあなたを前にして、彼は心の中ではうれし泣きをするはずです。

じつは、私の夫も海軍を40代でリタイアして、しばらく職がなく家にひきこもってしまったことがありました。そんなとき、彼が「靴を欲しい」というので一緒に靴屋さんに行ったところ、彼は安い靴ばかり探しているのです。私はちょっと値の張る靴を彼のところに持っていって、「ちょっとこれ、履いてみて」と渡しました。

彼は「こんな高い靴、いいよ」と断りましたが、私は「いいのよ。いつも買うわけじゃないんだから。あなたにはこれくらいの靴を履く価値があるわ。やっぱり似合うわね」と言って購入。きっと彼は、心の中で喜んでいたと思います。

値が張るといっても、ものすごく高価なものでなくてかまいません。いつも5千円のものを選んでいるなら、8千円~1万円くらいのものでいいのです。**彼はお金持ちになって、必ずあなたにその恩返しをしてくれるようになるでしょう。**

私の夫も、素晴らしい仕事に就いた後で、私が前から欲しかった30万円近くするネックレスをプレゼントしてくれました！

◆リッチアクションの法則

彼に高価な物を贈って、彼の価値を上げる

リッチアクション 9

彼にがんばってほしいなら前払いをする

彼にもっとがんばってほしいと思うなら、クリスマスや誕生日、記念日などとはまったく関係のない日にプレゼントをあげましょう。

クリスマスや誕生日などはプレゼントをもらって当たり前なので、せっかくこちらが気持ちを込めても、あまり効果がありません。それよりも、まったく関係ない日に、突然、バラの花束を贈ったり、彼が見たいと言っていた映画のチケットをあげたり、好きな音楽ＣＤをプレゼントしたりするほうが何倍も効果的です。

この場合は、値の張るものでなく、気持ち程度でかまいません。「あなた、いつも働いてくれてありがとう」と言って渡してください。

なかには、「なぜがんばってもいない彼にプレゼントをあげなきゃいけないの？」と思う人もいるでしょう。確かにその通りです。

しかし、彼にお金持ちになってほしいなら、結果が出る前にプレゼントをしなければいけません。

プレゼントを前払いをすることで、「**あなたのことを信じているから**」「**あなたの絶対的な味方だから**」という、それは心強いメッセージを送ることになるからです。

そんなメッセージを受け取った彼ががんばらないわけがありません。こんな自分でも支えてくれるあなたを、必ず幸せにさせたいと思うのです。

◆リッチアクションの法則

結果が出る前に彼にプレゼントを贈り、彼の絶対的な味方であることをアピールする

リッチアクション10

彼が黙っているときはそっとしておく

彼が無口になっていたり考え込んでいたりするときは、しゃべりかけずそっとしておきましょう。女性は話すことでストレスを発散させる生き物なので、とにかくいろいろと話したがります。

しかし、男性が静かなときは思考をめぐらせているとき。

彼に心の空間を与えて、あなたはそっと違う部屋へ行ったり、離れたところで違うことをしたりしましょう。

「うちの夫は、休日になるとゴルフに出かけたり、ふらりとどこかへ行ったりします。子どもの面倒もまったく見てくれません」

これは私がよく受ける相談です。たしかに自分勝手な夫として映りますが、このようなご家庭は、彼に心の空間を与えていないのかもしれません。

家の中はいつも子どもの騒ぎ声で静かになれる場所がない、仕事から帰ると妻が

BEER

寝るまで延々と話しかけてくる、子どもの面倒を見なければならない……など。

女性なら、「私は仕事もして子どもの世話もしています。自分の時間なんて1分もないのに、なぜ彼だけ甘やかさなきゃいけないの？」と思うかもしれません。

しかし、1章でもお話しした通り、男性は一度にいくつものことができる女性と違って、一度に一つのことしかできないのです。

決して、子どもの面倒を見たくないとか、妻の話を聞きたくないというわけではなく、仕事から離れたら、心の空間を確保する場所が必要なのです。


あなたが忙しく家事をこなすそばで、彼がぼぉーっとテレビを見ていたら、そっとビールとおつまみを出して立ち去りましょう。彼は心の空間を与えてくれるあなたに感謝をして家事に協力するようになり、仕事にも精を出すようになるでしょう。

◆リッチアクションの法則
彼が無口になっていたり、考えこんでいたりするときは静かにして、心の空間を与えてあげる

Column

彼が引きこもりがちなときは要注意！

彼が黙っているときにそっとしておくことは大切ですが、もしあまりにも無口が続くようだったり、部屋に引きこもってしまったりする場合は要注意！

男性は、つらい出来事に遭遇すると自分の周りに囲いを作り、無口になって引きこもる傾向があるので、何かショックな出来事が起こっているのかもしれません。

男性は内にこもることで、無意識のうちに母親の子宮の中に入るかのような感覚を持ちます。子宮ほど安全でぬくぬくした場所はないからです。こうして周りに壁を作り外敵から防御しているのです。

そんなときは、「どうしたの？」「何かあったの？」「私に何かできることある？」と優しく聞いてあげてください。それ以上のことは聞き出さないようにしましょう。

子宮に入ってしまった彼が心を開くまでには時間がかかるかもしれませんが、あなたが温かい雰囲気を作っていれば、彼も必ず話し始めてくれるはずです。

リッチアクション 11

「これを見るとやる気が起こる」シンボルとなる物を置く

男性はハッキリとした目標があってこそ、がんばれる存在です。そこで、その目標を視覚化してしまいましょう。

私のクライアントの女性はまだ新婚さんでしたが、早く子どもを作って幸せな家庭を築きたいと思っていました。その思いは彼も同じでしたが、彼のお給料は少なく、とても幸せな家庭なんて現実にはならないと悲嘆にくれていたのです。

そこで、私は彼女に次のような提案をしました。雑誌などから、広い素敵な家に住む幸せそうな家族の写真を切り抜き、それを額に入れて、彼が目覚めたらすぐ目に入る場所にそれをかけておくこと。そしてそのそばには、スーパーマンの写真を何気なく置くようにと。

彼女はさっそく雑誌からその写真を見つけて切り抜き、額に入れ、それを彼の枕元に置いたそうです。

その後彼は、異例の出世を果たし、子どもにも恵まれ、一戸建ての素敵なマイホームを購入しました。

彼の頭の中では、妻を満足させる（家を買い子どもを産む）ことが、英雄的行為（スーパーマンのような英雄）につながり、自分も英雄になって優越感に浸るためにやる気を出したと言えるでしょう。

写真以外にも、昔表彰されたときにもらった賞状やトロフィー、彼が目指す仕事に関係ある写真などでもかまいません。それを見ると、反射的にやる気と結びつき、目標となる物をぜひ、彼の近くに置いてください。

◆リッチアクションの法則

彼が英雄になれる目標を、常に視覚で確認させる

リッチアクション 12

力がわいてくる音楽を聞かせる

音楽が好きな彼には、**「これを聞くと力がわいてくる」という音楽を聞かせるようにします。**

できるだけアップテンポで明るい曲調のものがいいでしょう。

私のクライアントに、ドライブが趣味の男性がいます。彼は、仕事がうまくいかず、収入が減り続け、経済的な悩みを抱えていました。

私は彼に、「これをすると、自由で解放されたような気分になることはある?」と聞くと、大好きなハードロックの曲があり、その曲を聞きながらドライブをすると、すべてのものから解き放たれたような爽快な気分になる、と答えてくれました。

そこで、その曲を毎朝聞くようにアドバイスをしたところ、彼はすぐ実行に移してくれました。

しばらくして彼から連絡があり、「毎朝、ハードロックの曲を聞いてから仕事に出かけたら、仕事に対して『自分にはこれが限界だ』と思っていた枠がはずれ、『もっと、できるかもしれない』と思えるようになりました。おかげで、いい仕事ができるようになり、収入もアップしました」とうれしい報告をいただきました。

男性は自信がなくなると、外の世界をシャットアウトして引きこもりがちになりますが、そんなときは音楽の力を借りるのもひとつの手。

音楽が好きな彼なら、音の力が彼を奮い立たせてくれることもあるのです。

◆リッチアクションの法則

気持ちが盛り上がる音楽を聞かせて、自信を取り戻させる

リッチアクション 13

彼の大好物を不定期に食卓に出す

「食欲」は人間の3大欲求のひとつ。おいしい料理は、私たちを幸せな気持ちにさせてくれます。

そこで、彼をお金持ちにしたいなら、彼の大好物を作ってあげて、彼の胃袋をしっかりとつかみましょう。

ただし、毎日、彼の大好物を作る必要はありません。毎日大好物が食卓にのぼったら、最初はあなたに感謝をしても、いつかそれが当たり前になってしまうでしょう。そこで、**1カ月に2〜3回、特に理由のない普通の日に、不定期に大好物を出してあげましょう**。それが彼にとってはサプライズになるのです！

たとえば、彼が「うな重」が好きであれば、彼には内緒で夕飯にうな重を作っておきます。そして、仕事から帰ってきたら「あなた、大変なのに、いつも働いてくれてありがとう」と言って、うな重を出すのです。

すると彼は、「安い給料なのに、こんなに自分のことを立ててくれるのか。それなら、がんばらなくちゃ」とモチベーションを上げるのです。

それと同時に、「ここは僕の巣だ。帰る場所はここしかないんだ」と思い、あなたのために、家族のために、外の世界でお金を稼いでくるようになるのです。

彼が残業でごちそうを作れない場合は……

なかには、彼は毎日残業で帰りが遅く一緒に食事をとれない、という人もいるでしょう。その場合、絶対にしてはいけないことがあります。

それは、冷めたご飯をテーブルに置いておくこと。

これでは、「家族のためにこんなにがんばってるっていうのに。なんだよ、この冷や飯は……」と、彼のやる気を一気になえさせてしまいます。それほど、食事というのは彼の心と直結しているものなのです。

では、彼が帰ってくるまでご飯を待ってあげたほうがいいのかというと、そこまでしなくても大丈夫。あなたにもあなたの都合があるでしょう。

そこで、保温できるランチボックスのようなものにご飯とおかずを入れて、温かいご飯が食べられるようにしておきましょう。

温かいご飯は、彼に対する思いやりの証です。それは、彼の気持ちを温かくさせ、大切な家族のために、明日もがんばって仕事をしようと思える原動力となってくれることでしょう。

◆リッチアクションの法則

特に理由のない日に彼の大好物を作り、彼にサプライズをしよう

リッチアクション 14

彼が仕事に行くときは玄関で見送り、帰ってきたときも玄関で出迎える

あなたは彼が仕事に出かけるときに、玄関まで見送っていますか？

仕事から帰ってきたときに、玄関まで出迎えていますか？

朝や夕方は忙しい時間なので、なかなか余裕がなく、彼を一人にさせてしまっている人も多いでしょう。しかし、このたかが30秒もかからない行動一つで、彼がお金持ちになるかどうかが決まると言ってもいいかもしれません。

「家族を養うために働いている」という意識が強い男性にとっては、家族が応援してくれているという実感が大きなモチベーションアップにつながるからです。

もし、お子さんがいるご家庭なら、彼の見送りと出迎えを家族全員で行うのがベスト。子どもが思春期であっても、「お父さんが仕事に出かけるときは家族全員で大騒ぎをして見送る。仕事から帰ってきたときは家族全員でまたまた大騒ぎして出迎

える」ということを、我が家のルールにしてもいいと思います。

仕事に行く前に「**いってらっしゃい！**」「**あなた最高よ！**」と送り出してくれて、帰ってきたら「**おかえりなさい**」「**お仕事本当にお疲れさま！**」と、喜んで出迎えてくれる家族の存在は、「こんなに自分のことを思ってくれる家族がいる。なんてありがたいんだろう。もっとがんばろう」と思わせる大きな力となるのです。

それだけではありません。

彼は「僕はこの家の英雄だ。僕の家族は僕に頼るしかないんだ！　僕がいないとダメになる」と思うので、価値も上がります。

彼を船のキャプテンのような気分（**英雄に**

なったような気分）にさせてあげましょう。彼はそんな誇り高い気分にいつも浸りたいと思うので、意気込みを見せてくれるようになります。

とはいえ、今までやっていなかったのに、いきなり見送りや出迎えをするなんてできない、と思うかもしれません。

でも、感情がＯＫを出すまで待っていたら永遠に実行できません。

まずは行動から。最初は違和感があっても、行動をすることで、あなたの気持ちが変わっていくのです。

気がつけば、心から彼を応援したくなっていることでしょう。

勇気を出して、家族全員で彼を見送り、出迎える作戦をしてみてください！

◆リッチアクションの法則

家族そろって、朝は「いってらっしゃい」、帰ってきたら「おかえりなさい」と、彼の応援団に徹する

リッチアクション
Others

その他のリッチアクション

彼が活躍している写真を飾る

どこかに旅行をしたときの写真や、カメラ目線の家族写真ではなく、彼が庭を手入れしている写真や、日曜大工をしている写真、仕事に真剣に取り組んでいる写真など、彼が活躍している写真を家中に飾りましょう。

彼に、「こんなに自分は家族に頼られているのか」と思わせます。

家族の中で優越感を持たせる

男性はいつだって英雄扱いをしてほしいと思っています。

そこで、たとえばすき焼き作りが得意な彼なら、「お父さんが作るすき焼きはおいしいのよ」と子どもたちに言って聞かせたり、同じサンマでも彼のサンマはちょっと値の張るサンマを焼いたりして、家族の中で特別な存在であることを植え付けます。

父の日を彼の日にする

「父の日だけど、あなたの日にしちゃったわ。だって、あなたがいつもがんばって働いてくれているから、私たちもこうして暮らせるんだもの」と言って、何かプレゼントを贈ります。

ゴルフに出かける彼のために朝食を用意する

休日になるといつもゴルフに出かけてしまう彼なら、朝早く起きて軽い朝食を用意してあげます。

「いつも家をあけて悪いな〜」という罪悪感があるのに、自分を大切に思ってくれるかわいいパートナーにいとおしさを募らせ、ゴルフを控えて家族を幸せにしようと思うでしょう。

彼の枕元にコーヒーを運んでそっと立ち去る

休日でも女性は早くから起きて、たまった家事や子どもの世話などで忙しいもの。

彼がいつまでも寝ていると腹が立ちますが、そんなときこそコーヒーを置いてそっと部屋を立ち去ります。コーヒーの香りで目覚めた彼は、ベッドで一人泣き。そのうち早く起きるようになり、パートナーや家族のために、仕事に精を出すようになるでしょう。

買い物ついでに彼の好きなビールを1本買って帰る

買い物に行ったら、彼の好きなビール（ふだんは買わないようなちょっと高めのビール）を1本買って帰ります。

仕事から帰ってきた彼に「お仕事お疲れさま。いつもありがとう」と言ってそのビールを出せば、彼はあなたの心遣いに感激して、もっと仕事に力を入れるようになります。

絶対にやってはいけない3つの「プアーアクション」

これまで彼をお金持ちにするリッチアクションについて述べてきましたが、逆にこれをやると、彼は疲れてしまい、お金を稼ぐ意欲などふっ飛んでしまう「プアーアクション」についてもお話ししたいと思います。

なかでも次にあげる3つは、絶対にやってはいけないプアーアクション。私たち女性は悪気なく、ついやってしまいがちなので、気をつけましょう。

プアーアクション 1

おこづかいを下げる

彼の給料が下がったとき、家計を担う妻が最初に考えることは、彼のおこづかいを減らすこと。しかし、仕事でどれだけお金を稼げるかによって、自分の価値が決まると思っている男性は、給料が下がっただけでも自分の価値が下がってしまったと感じているのに、おこづかいを下げられたら、さらに自分の価値は下がるばかり。傷口に塩をぬりこまれているようなものとも言えるでしょう。

　ですので、できる限り、彼のおこづかいは下げないようにしましょう。すると、「**家計がこんなに大変なときに、僕のことを大事に思って支えてくれるのか……。この家族のためにがんばらなきゃ**」と思うのです。

　もし、どうしてもおこづかいを下げなければ家計が厳しくなるという場合は、必ず彼にお伺いを立ててから。

「今、ちょっと家計が厳しくて、あなたの仕事が軌道に乗るまでの間、少しおこづかいを下げてもいいかしら？　あなたのことだから、絶対に成功するって信じてるわ」というふうに。

このようにパートナーから言われて、「嫌だ」と言う男性はまずいないでしょう。いきなり、「来月からおこづかいを下げるからね」と通告するのは、彼のプライドを傷つけ、彼の価値を下げるだけなのでＮＧです。

彼を立てながら彼のやる気をキープすることこそ、あなたの役目です。

プアーアクション 2
仕事から帰宅するなり、その日一日分の文句を聞かせる

職場で嫌なことがあったり、一日中家で子どものワガママに振り回されたり、ご近所づきあいでトラブルになったりすると、そんな自分の気持ちをパートナーに聞いてほしい、と思うこともあるでしょう。

そこで、帰宅したばかりの彼に「待ってました！」とばかり、今日一日の大変だったこと、つらかったことを延々と言って聞かせる……これは、もっともやってはいけないことです。

おしゃべりが好きなアメリカ人女性もよくやってしまう悪いくせの一つなのです

が、これをされた男性はみな「帰ってきてすぐのおしゃべりだけは勘弁してくれよ」と話しています。

それは、**男性にとって家はリラックスしたい場所だからです。外で家族のために必死に戦ってきた男性は、家でその疲れをとるためにリラックスしたい**のです。今まで緊張していた分、体と心を休ませたいと思っています。

そんなときに、パートナーから延々と文句やグチを聞かされたら、リラックスできず、よけいストレスをためてしまうだけ。

でも、どうしても彼に不満を聞いてほしい場合は、仕事から帰宅してすぐではなく、彼がもっと元気なときを見計らって、その話をするようにしましょう。

その際、1時間も2時間も彼に文句を聞かせてはいけません。さっさと言うべきことを言って引きあげます。長くてもせいぜい15分程度でしょう。

彼が帰宅したときしか時間がないというのなら、少なくとも、彼がひと息いれてから。それからでも、決して遅くはありません。

プアーアクション 3 セックスの後に真剣な話をする

セックスの後というのは、女性にとってはリラックスした時間。女性はリラックスをすると心がオープンになり、いいことも悪いこともなんでも話したがるようになります。しかし、男性はその逆で、セックスの後はクタクタで何も話したくなくなり、ぼぉ〜っとして眠くなるばかり。

このような男女の差がなぜ起こるのかはよくわかっていませんが、私の知人で会社を経営し、あちこちでセミナーを開催している博学なS氏が話してくれたことはとても筋が通っている話で、私自身100%納得できました。

S氏によると、男性はセックスの後（射精した後）は、体からエネルギーが抜かれ、

大変疲れてしまうそうです。精子は命の源のエネルギーと考えれば、1回の射精で約1億個以上ものエネルギーが消えてしまうことになるのですから、それは息をつくのもやっとだというのです。

その反対に射精された女性の体は、彼のエネルギーをもらって活気づくそうです。

いずれにしても、**男性はセックスの後、とても疲れて、眠くなるので、どんな話も受け付けなくなってしまうということを女性は理解する必要があります。**

そんな彼の心境を知らないと、つい「セックスが終わったら、私のことなんてどうでもいいのね！」と彼を責めてしまいがち。

セックスの後に彼を責め立てては、疲れた体をムチ打つようなもので、仕事への意欲もなくしてしまいます。

Column

彼が帰りたくなる家と逃げたくなる家

原始時代、ハンターだった男性は、獲物を捕らえて家に持ち帰ってきては、家族を餓死させないように守ってきました。現代の男性は、獲物の代わりにお金を持ってきて家族の安定をはかります。

しかし、その後は女性の出番！

帰ってくる家が帰りやすいほど、男性は必死になってお金を作り、自分の家に運んできたくなるものです。

そこで、彼のパートナーであるあなたは、彼が一分でも早く帰りたくなる雰囲気の家を作りましょう。

これまでのリッチアクションのまとめの意味も含めて、次のページでは〝彼が帰りたくなる家〟と〝逃げたくなる家〟を比較しました。

ぜひ、参考にしてください。

彼が帰りたくなる家

- いつも自分のことを気にかけてくれる家
- パートナーや子どもから感謝の言葉が聞ける家
- 思う存分甘えさせてくれる家
- 考えたいときはそっとしておいてくれる家
- ときどきサプライズで彼の大好物が食卓にのぼる家
- 家族みんなで「いってらっしゃい」と見送ってくれる家
- 家族みんなで「おかえりなさい」と出迎えてくれる家
- 遅く帰ってきても温かいご飯が用意されている家

post card

お手数ですが
50円切手を
お貼りください

163-8691

東京都新宿支店　郵便私書箱39号
(株)メディアファクトリー 出版事業局

彼をお金持ちにする方法
愛読者係

◆下記のプライバシーポリシーに同意して以下を記入します

ご住所：〒□□□-□□□□

フリガナ

お名前

ご職業［　　　　　　　　　　　　　　　　　］

※新刊情報などを葉書でご案内してもよろしいですか？　□はい　□いいえ
※あなたのコメントを新聞広告などで使用してもよろしいですか？（本名は掲載しません）□はい　□いいえ
※新刊情報などのご送付を希望されない場合、ご住所をご記入いただく必要はありません。

【個人情報取得について】
お預かりした個人情報は、当社からの新刊情報などのお知らせ、今後のアンケートにご協力の承諾を頂いた方へのご連絡に利用します。個人情報取扱い業務の一部または全部を外部委託することがあります。
個人情報管理責任者：株式会社メディアファクトリー 出版事業局　局長
個人情報に関するお問合せ先：カスタマーサポートセンター TEL:0570-002-001（受付時間：10時～18時 土日祝日除く）

彼をお金持ちにする方法

● この本を購入いただいた一番の理由はなんですか?一つだけお答えください。

- □ 著者に惹かれて
- □ カバー・帯に惹かれて
- □ 内容が良さそうだから
- □ タイトルに惹かれて
- □ テーマに興味があった
- □ イラストが好きだから
- □ その他(　　　　)

● 著者に今後取り上げてもらいたいテーマがあれば教えてください。

[　　　　]

✉ 本書に対するご感想・著者へのメッセージなどをお書きください。

お住まいの地域		既婚・未婚	性別	年齢
都道府県	市区町村	既婚（結婚　　年目） 未婚	男・女	

※アンケートにご協力いただき、ありがとうございました。
あなたのメッセージは著者にお届けします。お手数ですが、上欄もご記入ください。

彼が逃げたくなる家

- いつも騒がしく、心が落ち着かない家
- 話題は何かというと子どものことばかりの家
- 自分の仕事にまったく興味をもってくれない家
- 朝「いってきます」と言っても誰も見送ってくれない家
- 「ただいま」と帰ってきても誰も返事をしてくれない家
- 帰宅するなり、一日の文句を延々と話し出すパートナーがいる家
- 遅く帰ってくると、冷たいご飯か、何も食卓にのっていない家
- セックスの後に真剣な話を持ち出す家

第4章

彼にお金が舞い込む
奇跡の「リッチワード」

「パワーワード」から「リッチワード」に変えましょう！

前章では彼をお金持ちにするリッチアクションについて述べてきましたが、もうひとつ欠かせないことがあります。

それは、**彼にかける言葉**。

私たちは特に身近な相手ほど「言葉にしなくても自分の気持ちをわかってくれているはず」と思いがちですが、やはり口に出さなければ伝わらないのが現実。愛の言葉やほめ言葉を言わなくなると、どんどん言えなくなってしまい、お互いの親近感も尊敬の念も薄れていきがちです。

この本では、彼をお金持ちにする言葉を「リッチワード」、彼がやる気をなくす言葉を「プアーワード」と呼ぶことにしますが、ぜひリッチワード使いましょう。**リッチワードの多くが、彼を信頼し、ほめたたえる言葉です。**

「そんな言葉、今さら言えないわ！」と抵抗を感じる人も多いかもしれません。しかし、リッチワードを言うか言わないかで、彼をお金の成る木にするかしないかが決まるのです。

もし、どうしても言えないという場合は、ミニステップから始めましょう。たとえば、「あなたすごい！　さすがね！」とほめることが難しい場合は、「あなた、なかなかやるわね」でもかまいません。

この章では、理想的なリッチワードをどんどん出していきますが、あなたが言えるレベルにアレンジしながら、これまで文句やグチだった言葉を、ほめ言葉に変えていきましょう。あなたのその努力は、必ず彼をお金持ちに変えてくれるはずです。

同じ場面でも言葉ひとつで、彼をリッチにするか、プアーにするかが分かれる例もふんだんにあげました。

参考にしながら少しずつ努力をしてみてくださいね。

✲リッチワードを上手に取り入れるコツ

◎明るく、楽しく話す

リッチワードを言うときは、明るく楽しく！　まじめにかまえてしまうと、なかなかほめ言葉を言えません。少しくらい冗談を交えながら、笑顔で言いましょう。

◎あなたのレベルの言葉にする

「これなら私でも言える」というレベルの言葉に直して、口に出してみましょう。スムーズに言えるようになったら、レベルを上げていきましょう。

◎毎日少しずつでもリッチワードを言う

リッチワードは毎日言いましょう。最初は1日1回しか言えなくてもＯＫ。次の週は1日2回、その次の週は1日3回……気がつけば、話す言葉が全部リッチワードになっていた！　というのが理想です。

新しい習慣を取り入れるときは、なんでも練習が必要。とにかく、練習を重ねることこそ、リッチワードが言えるようになる近道です。

◎プアーワードを言いそうになったり、言っていることに気づいたら、すぐに止める

今まで意識せずプアーワードを言っていた人も、自分の話す言葉を意識するようになると、「あっ、今、プアーワードを言おうとしてる！」「私が今、話していることってプアーワードかも」と気づけるようになります。

そのときは、すぐにストップ！　話が途切れてもかまいません。とにかくプアーワードを言わないことが大事です。

ケース1　降格されてお給料が下がってしまった彼に

プアーワード

「あなたがもっとがんばってくれないと、生活が苦しいわ」

リッチワード

「あなたなら、必ず活躍できるわ。絶対に大丈夫よ、あなたを信じてるから、自信を持ってあなたらしく働いてね」

ケース2　今の仕事に文句ばかり言っている彼に

プアーワード

「文句ばかり言うなら、転職すればいいじゃない！　なんで何もしないの？」

リッチワード

「今の会社にあなたが不満を抱いていることは知ってるわ。将来のことも考えて、新しい仕事にチャレンジしてもいいんじゃない？　私も応援するから。だって、あなたがいてこその家族ですもの」

ケース3　夢ばかり追いかけて全然お金にならない彼に

プアーワード

「夢ばかり追いかけて、1円にもならないじゃない！　これからどうするつもりなの？」

リッチワード

「あなたなら絶対に夢を実現するって信じているわ。もし、私にできることがあれば何でも言ってくれる？　あなたのためならがんばるから」

ケース4　仕事から帰ってきて落ち込んでいる彼に

プアーワード

「なんでそんなに落ちこんでるの？　家が暗くなるから、仕事のことは家庭に持ち込まないでくれる!?」

リッチワード

「何かあったの？　よかったら私に話してくれない？」

ケース1〜4の解説

チームワークを感じさせる言葉が彼の心を揺さぶる

ケース1〜4のリッチワードに共通していることはなんだと思いますか？

それは、「チームワークを感じさせる言葉」です。

仕事が自分の価値に結びつく男性は、仕事がうまくいっていないときは自信も失っています。

そんなときに、「あなたの問題なんだから、あなたがなんとかしてよ！」と突き放した態度をとられたら、「自分はなんてダメなんだ」とさらに自信をなくすだけ。

ケース1〜4のプアーワードはすべて、彼だけに責任を負わせて、あなたは無関係な人のようにふるまっているものばかり。

もっとも身近にいるあなたの応援さえもらえない状態では、彼はますます孤独に陥り、やる気と自信を失っていくだけです。

そこで、あなたが彼の一番の味方として、応援し、寄り添う言葉をかけましょう。「もし、私にできることがあれば何でも言ってくれる？」「よかったら私に話してくれない？」と積極的に彼にかかわるのがポイント。

彼をお金持ちにしたいなら、**彼の心の中で起きていること**（**心の世界**）**に興味を示し、あなたのほうから彼の様子をうかがうことが大切**です。

彼は「特にないよ」と言うかもしれません。しかし、パートナーが自分の心に興味を持ってくれるということは、あなたと「チーム」で生きていることを実感することにつながります。

こうして最強の味方を得た彼は、気持ちを入れ替え、あなたのためにがんばろうと、前向きになるのです。

◆リッチワードの法則

彼の仕事に興味を示し、〝私もあなたに協力したい〟と積極的に彼にかかわる言葉をかける

Column

彼が「会社を辞めたい」と言ったら……

彼の収入で家計を築いている場合、彼が突然「会社を辞めたい……」と言ったら困ってしまうのではないでしょうか？

そして、「え〜、会社を辞めるなんて言わないで〜。この先、どうやって暮らしていくの？　家族のためにもうちょっとがんばってくれない？」と言ってしまうかもしれません。

しかし、これは最悪のプアーワードです。「男は家族を養うもの」と潜在意識に刻み込まれている男性が、パートナーであるあなたに「会社を辞めたい」とつぶやくのは、たまりにたまったストレスが行き場をなくしている証拠。

やっとの思いで会社を辞めたいという気持ちを話したのに、あなたから共感してもらえないどころか、「会社を辞めないで」とまで言われてしまったら、彼もどうしていいかわからなくなってしまいます。

本当なら会社を辞めて、もっと彼の能力が発揮できる職場に転職するのが一番いい方法です。しかし、**今すぐ会社を辞められては困るという場合は、まず彼の話をよく聞いてあげましょう。**その間、あなたの考えは一切言わずに、ただうなずいて聞くだけでいいのです。

そして、「大変な職場なのに、家族のために働いてくれて本当にありがとう。私ももっとあなたの能力が発揮できるところに転職したほうがいいと思うわ。ただ、今すぐ辞めて無職の状態で仕事を探すと、逆にあなたにとってプレッシャーになってしまうかも。つらいとは思うけれど、もう少し今の仕事を続けながら、他を探してみない？　私もできる限り応援するから」と言って、彼を励ましましょう。

彼は、あなたに自分の気持ちを理解してもらえたことと、こんな情けないことを言っている自分でも応援してくれていることに感謝をし、次のステップに向かって歩き出すことでしょう。

ケース5　友人の旦那さんが昇進したことを話すとき

プアーワード

「M美の旦那さんって、部長に昇進したんですって。すごいわね〜。あなたももっとがんばってよ！」

リッチワード

「M美の旦那さんって、部長に昇進したんですって。仕事のできるあなただったら、今ごろ部長を通り越して、取締役ぐらいかもね」

ケース6　一戸建ての家に住みたいという話題を出すとき

プアーワード

「将来は一戸建ての家に住みたいけど、お給料も少ないし、無理よね〜」

リッチワード

「将来はこのマンションを出て、一戸建ての家に住みたいわね。あなただったら、きっと実現できると思うわ」

ケース7　自分の父親の仕事について話すとき

プアーワード

「うちの父はすごい人脈を持ってるのよね。あなたも見習ってよ。そうしたらいい仕事も入ってくるのに……」

リッチワード

「うちの父の人脈には感心するけど、あなたも父に負けない人脈を持っていると思うわ。きっと、いい仕事も舞い込んでくるはずよ」

ケース8　昔のように活躍できない彼に

プアーワード

「昔はがんばってたのに、今はなんでそんなにやる気がないの？　もっと専門的な知識を身につけてよ！」

リッチワード

「あなたってコンピューターが得意だから、もっと専門的な知識を身につければ、いい仕事に就けるかもしれないわよ。ちょっとやってみない？」

ケース５〜８の解説

競争心を駆り立ててモチベーションを上げる

男性は女性に比べて競争心が強いので、誰か（何か）と比べられることを極端に嫌います。

たとえば、「お隣のおうち、今度の夏休みに家族でハワイに行くんだって。そんなに稼いでるのかな。いいわね〜」と他の誰かと比べたり、「昔はお給料もよかったから贅沢できたけど、今は節約しなきゃね」など、過去の彼と比べたり。

悪気はなくても、競争心の強い男性にとって、こうした言葉はプライドを傷つけ、彼の心をズタズタにしてしまうでしょう。

男性は女性のように自分の悩みや弱みを人に話しませんが、それも「人から弱く見られたくない」という競争心ゆえのこと。他の人や過去の自分と比べて、「今の自分は何をしてもダメだ」ということを痛感しているため、自信を失っている男性ほど現実から目をそらそうと、見て見ぬふりをするのです。

しかし、この競争心を上手にあおり、彼をやる気にさせる方法があります。それは、ケース5～8であげたリッチワードのように、「〇〇がこれくらいできるのなら、あなたならもっとできるわ」というように、**「僕だってやれるんだ」と、自然と競争心を駆り立てるように持っていく**のです。

すると、「〇〇には負けたくない」「昔の自分には負けたくない」という気持ちがわいてきて、闘志を燃やすようになるのです。

パートナーであるあなたが、ちょこちょこと競争心を駆り立てる言葉を上手に言うことで、彼は本能を目覚めさせ、いい仕事をするようになるでしょう。

◆リッチワードの法則

誰か（何か）と比較するときは、「あなたならもっとできる」というふうに、自然と競争心を抱かせるような言い方をする

ケース9　おもちゃで遊んでいる子どもの近くに彼がいるとき

プアーワード

もう少し生活に余裕があったら、いいおもちゃを買ってあげられるのにね。これで我慢してね」

リッチワード

「ゆうちゃん、パパが買ってくれたおもちゃだよ。いつも一生懸命働いてくれるパパに『ありがとう』って言おうか」

ケース10　休日に子どもの世話をしてもらったとき

プアーワード

「ちゃんと子どもの世話はできた？　泣かせたりしなかった？」

リッチワード

「あなたがいると安心して子どもをまかせられるし、本当に心強いわ」

ケース11

彼に聞こえる距離で友達と電話をしているとき

プアーワード ⇢ リッチワード

「この前、彼がパソコンを直してくれたんだけど、あれくらい、私でも直せると思うわ」

「彼って、すごいのよ！　パソコンが動かなくなって困っちゃって、彼に見てもらったら、30分もしないうちに直しちゃったの。本当に頼りになるわ」

ケース９〜11の解説

彼を王様気分にする

彼に「僕はこの家の王様だ」と思えるような言葉をかけましょう。

王様といっても、あなたが召使のようになんでもするという意味ではなく、**何気なく彼を立てることを言ったり、いかに彼が頼りになるのかをさりげなくほのめかしたりする**のです。

特に子どもがいる場合は、効果てき面！

妻と子どもから頼られたら、「なんとかしなきゃ」という気持ちになるのが男性です。自分を頼ってくれる彼らのためにもっと働いて、お金を稼ぎ、妻と子どもにいい生活をさせてあげようと、やる気を出すでしょう。

照れくさいかもしれませんが、彼が聞いているときに人前で「彼ってすごいのよ！」とほめるのも、彼をやる気にさせる起爆剤となります。

また、英雄願望を持つ男性は、なんでも自分の手柄にしたがります。ですから、たとえ女性がヒントをあげたり、彼に尽くした結果、成功したとしても、男性は「俺が成功させたんだ」と自分だけの手柄にしようとするでしょう。

女性としては、「私のアドバイス通りに行動したからじゃない」「私が励ましたおかげなのに……」などと言いたくなりますが、そこはぐっとこらえてください。

そして、「**そうね。あなたの努力の成果よ。次はもっとやれるわ**」**と励まし、彼の手柄にしてあげる**のです。すると男性はさらにパワーアップするでしょう。

なかなかそう言えない気持ちもわかりますが、ここはひとつ賢い女性になって、試してください。効果抜群ですから！

◆リッチワードの法則

彼をとことん頼って

「なんとかしなければ」という気持ちにさせる

Column

なんでもできる女性ほど彼を頼ろう！

機転が利き、仕事も家事も子育てもなんでもできる女性ほど注意しなければならないことがあります。それは、男性いらずになっていないかということ。

これまでも述べたように、男性はみな王様気分を味わいたいし、英雄になりたいと思っています。それなのに、女性のほうが自分よりも明らかに能力がうわまわっていて自分の出番がないと、やる気を失い、怠惰になってしまうのです。

実際、あまり機転の利かないおっちょこちょいな女性ほどパートナーは高収入で仕事のできる男性、高収入の女性ほどパートナーの稼ぎが悪くぱっとしない男性であるケースが多いもの。前者は「僕がいなきゃこいつはダメなんだ」と彼に思わせ、後者は「自分は必要とされていない」という気にさせてしまっているのです。

このようなときほど、彼を頼りましょう。

たとえば、電気の付け替えや家具の組み立て、古新聞を集積所に運ぶなど、明らかに力がいる男仕事は、たとえ女性ができても「あなたじゃないとできないわ」「あなたのほうが力があるから、お願いしてもいい?」と彼を頼りましょう。

男性は面倒くさそうな顔をしても、心の中では「俺がいないとダメなんだ」と喜んでいるはずです。

こうして、家の中であなたがやっていたことを、少しずつ彼に頼りながらお願いしていきましょう。

家庭の中で彼の価値が上がることで、仕事にもいい影響が出てきます。

ケース12　経済的に厳しいのでパートに出たいとき

プアーワード

「経済的に厳しいからパートに出ようかしら……」

リッチワード

「あなた、パートをさせてもらってもいいかしら？」

ケース13　子どもの塾代がかかることを伝えるとき

プアーワード

「夏期講習代こんなにかかっちゃってどうしよう？」とグチっぽく言う。

「うちはそんなにお金を出せないから、夏期講習はやめなさい」と、彼のいる前で子どもに言う。

リッチワード

「子どもの塾の夏期講習代がこれくらいかかるんだけど、今月はちょっと生活費が厳しくて……。何かいいアイデアはないかしら？」

ケース12〜13の解説

彼の稼ぎが少ないことをにおわせない

経済力と自分の価値が直接つながっている男性は、たとえ電気代が10円あがったことでも、経済的なことを触れられることを嫌います。

それでも、彼にお金のことを相談しなければならないときは、ケース12、13のように**彼におうかがいを立てるように話しましょう。**

おうかがいを立てられた彼は、自分を気遣ってくれるあなたのために、がんばらなければと思うようになるでしょう。

プアーワードのような言い方は男性の自信を奪うので要注意です。

◆**リッチワードの法則**

彼におうかがいを立てるように話し、彼の価値を下げないように気をつける

ケース14

次の仕事が見つからない彼に

プアーワード

「うちでゴロゴロしてないで、なんでもいいから仕事をしてよ！」

リッチワード

「私の友達が建築の仕事をしているんだけど、あなたの仕事にプラスになるかも。ちょっと話を聞きにいかない？」

ケース15

失業して何をやりたいのかわからなくなっている彼に

プアーワード

「いったい何をやりたいの？　これからどうするつもり？」

リッチワード

「あなたってアイデアマンだから、そのアイデアを欲しい会社は必ずあるはず。求人広告を出していないか、ネットで一緒に調べてみない？」

ケース14～15の解説

軌道に乗るきっかけを作って彼を導く

仕事を失い、自分の価値そのものにダメージをうけた男性は、傷ついた小鳥と同じ。怪我をした小鳥は空を飛べないように、彼もどんどん動けなくなって、このまま放っておくと引きこもってしまいます。

そんなときこそ、あなたが彼を奮い立たせ、エンジンをかけるきっかけづくりをしてあげましょう。

プライドが傷ついている男性は、自分で価値を上げることはできません。信頼するあなたからの励ましによってしか、価値を上げられないのです。

そこで、ケース14、15のように、あなたがうまく誘導しましょう。彼は、面倒な顔をしたり、否定的なことを言ったりするかもしれません。それでも明るく誘うのです。内心彼は、あなたがそこまで自分のことを考えてくれていることを喜び、あなたにいい報告を聞かせたいと、はりきり出すでしょう。

✲高いポジションから転落した男性ほど傷は深い

一度会社のトップまで上り詰めた人や、周りから期待されるほど優秀な成績をあげていた人などがなんらかの事情で軌道からはずれ転落すると、その傷は大きく、這い上がるまでに相当の時間を要します。

もちろん女性であっても、大きな転落を経験すればショックですが、男性よりは早い時期に現実を受け入れ、どんな仕事でも始める人が多いと思います。

ところが、男性はそうはいきません。ロマンチストゆえ、過去のポジションが高ければ高いほど、現実を受け入れることができません。**つらい現実から逃れようと自分の周りに囲いを作り引きこもってしまう**のです。

さらに、男性は女性よりもエゴ（周りに自分をよく見せたい気持ち）が強い傾向があり、元のポジションと同じレベルにまで戻らないと自分を納得させることができません。本来は、高いポジションから転落した人ほど、同じレベルに戻るまでには時間がかかるでしょう。

しかし、一度高いレベルにまで上り詰めたという経験は、彼の中で「前もできたんだから、今度もできるはず」という原動力にもなってくれます。

現実的に前に進まない彼を見てイライラするかもしれませんが、彼の可能性を信じましょう。

そのことが、彼のエンジンをフル回転させ、「こんな自分を信じてくれるあなたのために、もう一度やってみよう！」と思わせるのです。

◆リッチワードの法則

彼が方向性を見失っていたら、次につながるヒントをあげて彼の腰を上げさせる

Column

無職からリッチな銀行マンに転身！

私の夫は海軍でキャプテンを務める将校でしたが、軍で働く人たちは、定年が早く、彼も45歳のときに退役軍人となりました。

彼は高い位の将校だったので、すぐに何かいい職に就けるだろうと安易に考えていたのですが、その思惑は見事にはずれ、いくら軍で業績をあげていても、民間企業ではまったく認められない結果となってしまったのです。途方にくれた彼はお酒に入り浸り、家に引きこもるようになってしまいました。

これはまずいと思った私は、運送会社を経営している知人のジョンに、夫を使ってくれないかと頼み込みました。

しかし、彼にはそのようには言わず、「ねえ、友達のジョンが私に頼み込んできたんだけど、今、運送会社で人手が足りなくて困ってるらしいの。彼を助ける意味でも、ちょっと手伝ってあげてくれないかな？」と頼んでみたのです。

もともと人助けが好きな夫は、さっそくジョンの会社でアルバイトを始めることに。私は夫がアルバイトから帰ってくると「あなたって頭もいいけど、体も丈夫なのね。すごいわ、尊敬しちゃう！」と力づけました。

こうして、外に出るようになった彼に、次は同じような立場の人たちが集まって励まし合うサポートグループに誘いました。「私たちの年齢の人が行くといろいろとためになる情報をくれる場所があるんですって。一緒に行ってみない？」と。

すると、彼はそこで気の合う人と出合い、一緒にコンピューター技術を身につけたり、情報を交換したりするようになったのです。こうして彼はコンピューターを各銀行に教えに行くインストラクターとして、少しずつ働くようになりました。

だいぶ自信をつけた彼は、再就職活動を始め、今では大手銀行で、正社員としてコンピューターを教える仕事に就いています。

私自身、女性の励ましが男性をどれほど勇気づけることかを、身をもって実感した出来事でした。

リッチワード 1

ほめるときは仕事につながる能力をほめる

彼へのほめ言葉がリッチワードとなることは、だいぶ理解していただけたと思いますが、ほめるときはやみくもにほめるのではなく、ポイントをついてほめることが大切です。

では、そのポイントは何かというと、〝仕事に結びつくような能力〟をほめること。**仕事に関係する能力をほめられるということは、「あなたって価値のある人ね」と言われているのと一緒**だからです。こうして、彼の価値を上げていくのです。

たとえば、保険の営業マンに細かく保障内容などを聞いて彼が対応していたら、「私は保険のことがよくわからないけど、あなたのように細かいところまで聞いてくれると安心だわ。仕事もあなたに任せればミスがなくなるわね」。

彼が一つのことを深く調べていたら、「あなたのその勉強熱心な姿勢は、絶対に職場でも買ってくれていると思うわ」のように、日常生活の中で垣間見える彼の能力を仕事に結びつけるようにほめるのです。

もちろんダイレクトに、「あなたのセールストークを聞いたら、誰でも買いたくなっちゃうわ」「路上ライブをしていた彼らをデビューさせたあなたの直感ってすごいわね」など、仕事のことをほめるのもベスト。

また、「○○さんが、あなたの話し方ってすごく感じよかったって言ってたよ。きっと営業もバッチリなのね」など、人から聞いたほめ言葉をさりげなく入れるのもいいでしょう。

こうして、彼の能力に焦点をあてることで、さらにいい仕事へとつながっていくのです。

◆リッチワードの法則
彼の仕事の能力をたたえるようにポイントをついてほめる

リッチワード 2

彼の自慢話に「でもね……」は禁句

自分をよく見せたい度合いが強い人ほど、相手のことを批判したりしがちです。それは、相手を批判することによって、「自分のほうがすごいんだ」ということをわかってほしいためのサイン。

自慢が好きな彼でそれを聞くのにうんざりしているあなたは、きっと彼が自慢気に話すことに「そうかな？　違うと思う」「でもね〜」と否定の言葉を口にしているのではないでしょうか。

しかし、これでは彼の価値は上がりませんし、よけいに自分をわかってもらおうとさらに自慢話を聞かされるだけ。そんなときは、**自慢を肯定してあげることが一番**です。

「そうね。あなただったらうまくやれるのに、○○さんは残念ね〜」
「そうよね。あなたの言う通りだと思う。あなただったらできるんだから、もっと企画を出してみたら」

というような言い方で、彼を安心させると同時に、競争心を駆り立てるような言葉をちょこっと入れるのです。

「ほめたり、おだてたりしたら、よけいに調子にのるのでは？」と思う人もいるかもしれませんが、じつはその逆で、**彼は「わかってくれた」という気持ちと、「自分ならできる」というやる気によって、さらに闘志を燃やすようになる**のです。

「でもね、人の悪口ばかり言ってないで、自分もちゃんとやればいいじゃない」「でもね、そんなこと言ったって、あなただってできてないくせに……」など、彼の言ったことに「でもね」をつけるのはプアーワードとなることを覚えておきましょう。

◆リッチワードの法則

彼の自慢話を肯定すると同時に、競争心を駆り立てる言葉を言う

リッチワード 3

ネガティブな面ではなくポジティブな面を強調する

彼が仕事のことで頭を痛めているときに、彼の能力を疑ったり、性格を攻撃したりするような言葉は絶対にタブーです。

たとえば、彼が降格されたときに、「やっぱりね。あなたは人前でしゃべる能力がないから、見放されたのよ」とか、彼が同僚の小言をあなたにこぼしたときに、「だって、それはあなたが優柔不断だから、言われても仕方ないじゃない」といった言葉など。

このような言葉は、彼の心にグサッと深くつきささります。

そして、彼がどん底にいるときに、最も信頼しているパートナーからこのような言葉を聞かされると、男性は行き場をなくしてしまいます。

ですから、もし彼に何か言いたいことがあれば、彼自身の能力や性格のネガティブな面に触れるのではなく、ポジティブな面を強調しましょう。

前の例で言えば、「あなたは人前でしゃべるのは苦手かもしれないけれど、その分人当たりがいいから、もっと自信を持っていいと思うわ」とか、「何でも十分に調べてからじっくり物事を運ぶあなただから、次はきっといい結果が出るわよ」といったように。

誰でも、持って生まれた自分の性格や、習慣、能力、外見などを責められるのは嫌に決まっています。**彼をお金持ちにしたいなら、彼の嫌な面が見えてもそこには焦点を向けず、彼のいい点を強調する**ように努力をしましょう。

彼のポジティブな面に焦点を当てれば、そこがもっと引き出され、彼の持ついい面がさらに拡大されていきます。

◆リッチワードの法則

彼のいい面に焦点を当てて、彼のポジティブさを引き出す

リッチワード 4

ポジティブな言葉のシャワーをかける

あなたが仕事でプレゼンテーションをしたとしましょう。その後、次のどちらの言葉をかけられたほうが、うれしいですか?

「さすが、すごいわね!」
「たいしたことないじゃない」

きっと99・9%が前者だと思います。当たり前ですが、私たちはポジティブな言葉をかけられたほうが断然心地よく感じます。

そこで、あなたは彼に対して普段どんな言葉をかけているか、ちょっと振り返ってみましょう。ネガティブな言葉のほうが多い人は、彼の仕事がうまくいかない原因はあなたにあるのかもしれません。ネガティブな言葉ばかり浴びせられたら、彼のモチベーションも下がって当然ですよね。

さすがー
すごい
かっこいい
ワッハッハッ
天才！

ですから、彼をお金持ちにしたいなら、ポジティブな言葉をどんどんかけてあげましょう。

「あなたって、最高！　天才！　すごい！　さすが！」など、事あるごとに、短いポジティブな言葉をどんどんかけてあげるのです。

慣れるまでは違和感がありますが、一度言えると次はスラスラと言えるようになります。彼がどんなに「やめてくれ」と言っても、言い続けましょう。

彼はあなたからのポジティブな言葉のシャワーを受けて、どんどん自信をつけ、仕事にもエンジンがかかるようになるのです。

◆リッチワードの法則

事あるごとにポジティブな言葉をどんどん言う

Column

ひと月30万円が、1日で50万円を稼ぐように！

セラピスト仲間の男友達ロバートは、とてもお人よしで、クライアントに「今生活が苦しいから、セラピー代をまけてくれないか？」と言われると、すぐに安くしてしまい、毎週何十人とこなすわりにはお金に困っていました。

それに加え、ロバートは離婚をしていて、元妻に慰謝料として月額の半分をとられていたのです。

ロバートの月収は約30万円だったので、手元に残るのは15万円ほど。

そこで私は、彼が本当に心から就きたい仕事を見極めることにしました。

彼は「家族セラピスト」と「親権評価員（離婚する際に、両親の心理検査をして親権の配分を法廷に調査報告する人）」の仕事もしていましたが、比率で言うと、9割が家族セラピスト、1割が親権評価員。

もちろん彼は、家族セラピストの仕事にも生きがいを感じてはいたようですが、とき入ってくる親権評価員の仕事の話になると目がキラキラと輝いていました。

親権評価員という仕事は、セラピストとしての知識はもちろんのこと、弁護士のような頭脳も必要とされます。

じつは、ロバートは弁護士を目指していましたが、何かの理由であきらめなければならなかったのです。

そこで、私は彼に、セラピストから親権評価員にキャリアチェンジをするように説得しましたが、「そんなことをしたら食べていけなくなる!」と全面否定されてしまいました。

でも、私はあきらめませんでした。ロバートは絶対にロサンゼルスでも指折りのすごい親権評価員になることを、確信していたからです。

そこで、私は彼の潜在意識に、「親権評価員の仕事が増えるように」「ロスで最高の親権評価員になるように」と働きかけ始めました。

どのように働きかけたかというと、彼が親権評価員の仕事のために法廷に行くときは、その途中に必ず電話を入れて、「あなたはベストの中のベスト。ロスでナンバーワンの親権評価員！」と、何度も何度も繰り返し、言い続けたのです。

彼はその言葉にうれしそうに反応していました。

半年かかりましたが、彼は仕事を完全に親権評価員にスイッチすることに成功。腕を磨き、今ではロサンゼルスでナンバー1どころか、米国でもトップランクに入る親権評価員になったのです！

彼は今でも私に会うと「君のおかげだ、ありがとう」と感謝をしてくれます。男性にポジティブな言葉をかけ続けることは驚くほど効果的なのです。

そして、ひと月30万円稼ぐのがやっとだった彼は、なんと一日で50万円を簡単に稼げる男性になりました！

「やったー!!」とばかり、彼よりも私のほうが喜んでいます。

リッチワード 5

彼が帰ってきたら、仕事の様子をさりげなく聞く

彼が仕事に行くときは家族全員で玄関で見送り、彼が仕事から帰ってきたときも家族全員で玄関に出迎えることの大切さは、3章で述べた通りですが、彼をお金持ちにしたいなら、「おかえりなさい」と言って、ひと息ついた後に、ぜひ話しかけてほしい言葉があります。

それは、

「今日の仕事はどうだった?」

たったそれだけです。それ以上は何も聞きません。

私たちも根掘り葉掘り聞かれると何も言いたくなくなりますが、自ら話したいことなら心地よく話せますよね。

職場でいいことがあれば、家族にも聞いてもらいたいと思っているはずですから、それを話す機会を作ってくれたあなたに、彼は感謝をします。

もしかしたら、彼は「別に。いつも通りだよ」と言うかもしれません。それでも自分のことに興味を持って聞いてくれた、ということに喜びを感じます。

そして、もし声の調子がなんとなく暗かったら、「何かあったの?」とだけ聞きましょう。誰でもそうですが、**わずかな変化に気がついてくれるということは、自分に関心を持ってくれている証拠ですから、それはうれしく思うでしょう。**

そのときに「じつは、今日、上司と……」など言い始めたら、「うん、うん」とただ聞いて、「大変だったね～」と共感してあげましょう。それだけで、彼は満足をして、「ああ、やっぱりこの家はリラックスできる」と思い、エネルギーを充電して、翌日もがんばって仕事に出かけていくのです。

仕事から帰ってきたときのひとことで、彼は変わるのです。

◆リッチワードの法則

「今日の仕事はどうだった?」と必ず聞いてあげる

リッチワード 6

小言ではなく心配していることをアピールする

彼が飲むお酒の量が増えている、タバコをやめてくれない、運動をまったくせず休日は家でゴロゴロしている……こんなふうに、不健康な生活をしている彼を見ると「こんな生活をしているから、仕事がうまくいかないのよ。もっと健康的な生活をすればいいのに……」と思いがちですよね。

しかし、ここで怒っては逆効果。「うるさいなぁ〜」とよけいに不摂生をして、仕事に支障をきたしてしまいます。

こんなときは逆戦法でいきましょう。

たとえば、彼がお酒を飲んで酔っぱらったあげくリビングで寝てしまったとします。そんなときは、翌朝、彼の肩に手をそえて、

「あなた、昨日、お酒をいっぱい飲んでいたけど、私、あなたに長生きをしてほしいから、よく考えてね」

と言うのです。

彼は自分でもお酒を飲みすぎていることに罪悪感を抱いているはずです。しかし、それを責められなかったどころか、パートナーは自分の健康まで心配してくれているとなれば、彼は反省をして次からお酒の量を減らすように努力するでしょう。


こうして、少しでも減ったら「あなた、すごいじゃない！」とほめてあげましょう。**努力を認められた彼は、もっと減らそうとさらに努力を重ねるようになります。**

生活習慣が改善されてくると、彼自身の実行すべき目的もはっきりしてくるので、仕事にも精を出すようになってくれるでしょう。

あなたの言い方次第で、男性は１８０度変わるのです。

◇◇◇◇◇◇◇◇◇◇◇◇

◆リッチワードの法則

彼に心配していることを伝え、彼の生活習慣を改善に導く

◇◇◇◇◇◇◇◇◇◇◇◇

Column

彼がリストラされた直後の言葉がけ

今は大企業に勤めているからといって、安心できる時代ではありません。リストラはいつなんどき、彼の身にふりかかってくるかわからない出来事。そんなとき、彼にかける言葉一つで、彼の今後が変わってきます。ぜひ知っておきましょう。

①「おかえりなさい」とだけ言って仕事のことには触れない

彼がリストラをされたとなったら、パートナーであるあなたも不安になって、詳しい状況を知りたくなりますよね。

しかし、ここで言ってはいけない言葉があります。それは、

「どうなったの？」

「これからどうするの？」

という言葉。

仕事が自分の価値そのものである男性にとって、仕事をなくすということは自分の価値が失われたということでもあるので、女性が思う以上に一大事なのです。

自分でも、この状況を恥ずかしく情けないと思っていることでしょう。それなのに、どうなっているのか詳しく聞かれるのは苦痛でしかありません。

傷ついている彼は、一人でそっとしておいてほしい、と思っているのです。

ですから、帰ってきたら「おかえりなさい」とひとことだけ言って、あとは何も聞かず、温かいお茶でも出してあげましょう。

あなたが温かく見守ってくれていることがわかると、彼の心も温まってくるので、自ら話したくなるものです。

彼が話してくれるまで、詳しく聞くのは待ってくださいね。

②温かい雰囲気を作り彼を気遣う

落ち込んでいる彼を励ましてあげたいと思いますよね。そんなとき、安易に「大丈夫よ」「なんとかなるわ」という言葉を言ってしまいがちです。

しかし、リストラをされた直後というのは、彼の心の中は「大丈夫なはずないじゃないか。これからどうやって家族を支えるんだよ」と、自責の念でいっぱいです。そんなときに、「大丈夫」と言われても、逆効果なのです。

こんなときは「今日はおそばでも食べようか？」など少しだけ声をかけて、彼が好きな食事を出してあげましょう。おいしいものを食べて温かい気持ちになった彼は、自らリストラされたことを話し始めてくれるようになります。

「テレビでも見ようか」と誘い、ソファの隣で肩が触れ合う程度の距離に座りながら、一緒にいてあげるだけでも安心するはず。

こうして**家を温かい雰囲気にして彼を迎えることが、もっとも大切**なのです。

テレビでも見よっか。
……

リッチワード 7

心の中の言葉を変える

収入が少なく家計が厳しいのに、家で怠けていたり、見栄っ張りな彼を見ると、彼に対する尊敬の念が薄れてしまう女性も多いでしょう。

すると、心の中ではいつも「彼はダメ男」「彼は稼げない男」という固定観念ができてしまい、それが潜在意識に刻み込まれてしまいます。こうなると、彼に対する態度も突き放したような冷たいものになってしまうでしょう。

この悪循環を断ち切るためにも、次のように心の中の言葉を変えましょう。

「彼はがんばり屋」

「彼は稼げる男」

最初は違和感がありますが、それでも彼を見るたびに「彼はがんばり屋」「彼は稼げる男」と何度も心の中で言い続けましょう。

すると、「ダメ男」→「がんばり屋」、「稼げない男」→「稼げる男」に、潜在意識が書きかえられるので、あなたの彼に対する態度もやわらぎます。

同じ場面を目にしても、以前はプアーワードしか言えなかったあなたが、自然とリッチワードを口にすることができるようになるでしょう。

口に出す言葉だけでなく、心の中の言葉も変えることで、彼はリッチな男へと変身していくのです。

◆リッチワードの法則

彼に対する思いをポジティブなものに変え、心の中の言葉も修正する

彼はがんばり屋
彼は稼げる男、
彼はがんばり屋。
彼は稼げる！

リッチワード Others

その他のリッチワード

起業の準備に1年以上かかっている彼に

プアーワード
「今日は何してたの？」
「いつまで起業の準備をしてるの？」

リッチワード
「あなたのことだからきっとすごいことを考えているんでしょうね。早くあなたが成功する姿を見たいわ」

彼ががんばったにもかかわらず減給になったとき

プアーワード
「がんばったのに減給されるってどういうこと？　努力が足りないんじゃない？」

リッチワード

「これがあなたのベストなんだから、私は文句を言えません。一生懸命働いてくれてありがとう」

＊男性はこのように言われると、「こんなのは僕のベストじゃない」と競争心を起こしがんばり始めます。

彼が何に対してもやる気を失っているとき

プアーワード

「家でゴロゴロしてないで、何かすれば？」

リッチワード

「あなたが夢中になれることって何かしら？　教えてくれる？」

＊このような質問で、彼の頭を刺激すると、目的を見つけるようになります。

彼が無収入で家計が厳しいとき

プアーワード

「退職してもう半年もたつけど、まだ仕事は見つからないの？　退職金だけじゃ食べていけないから、何とかしてよ」

リッチワード

「退職して半年たつんだけど、退職金だけだと家計がきつくて……。あなたの助けがいるんだけど、考えてもらえるかしら。そうしてもらえると、ありがたいわ」

彼が失業中に家事をしてくれたとき

プアーワード

「家事をしてくれるのはありがたいけど、仕事も見つけてね」

リッチワード

「あなたに家事をたくさんさせちゃってごめんね。それにしても、あなたって何でもこなせる人ね。すご〜い！　本当にありがとう！　こんな多才なあなたに良い仕事が舞い込んでこないはずがないわ」

経済的なことを理由に結婚に踏み切れない彼にいらだっているとき

プアーワード

「もう〜！　こんな状態じゃ、いつまでたっても結婚できないじゃない。本当に私のこと、好きなの？　結婚してくれないなら別れるから！」

リッチワード

「経済的なことが不安な気持ちはよくわかるけど、あなたの能力なら絶対に仕事で成功できると思う。私、そんなあなたと結婚して、あなたのそばで一生応援していきたいと思ってるの」

経済的な問題で彼が子づくりに消極的なとき

プアーワード

「私、そろそろ年齢のこともあるし、もう子どもを産まないと……」

＊出産にリミットのある女性が年齢を気にするのは当然です。しかし、この言い方では、彼に「僕の気持ちはどうでもいいのか？　ただの種馬じゃないか」と思わせてしまうだけで、得することはありません。

リッチワード

「あなたの子どもが生みたいわ。あなたって、どんな環境にいても一生懸命やってくれるし、子どもはその長所を持って生まれてくると思うの。そんなあなたの子どもの母親になりたいわ」

＊男性は経済的に安定していないと、子どもを欲しいとは思えないもの。そんなときは、彼を英雄扱いするように話を切り出します。

仕事を得るためかけずりまわっている彼に

プアーワード
「忙しくしているだけで、全然お金にならないじゃない。いったい、何をしているの？」

リッチワード
「一生懸命、仕事を得ようとがんばってくれてありがとう。絶対に成功するって信じているわ」

期待ばかりさせて収入が増えない彼に

プアーワード
「いつも期待ばかりさせて、一度だって、収入が増えたことがないじゃない！」

リッチワード
「あなたの思いは必ず叶うわ。あなたは一度決めたら、絶対にやり通す人だもの。頼りにしてるわ」

お給料がなかなかアップしない彼に

プアーワード

「セールスの腕はいいのに、なんでお給料があがらないの？」

リッチワード

「あなたの能力を認めない会社なんて、私、頭にきちゃうわ！　そのうち後悔するわよ！」

＊ネガティブな言葉のようでも、「私はあくまであなたの味方」ということを示すので、その言葉に勇気づけられて、彼は自信を取り戻します。

企画のコンペで落選してしまった彼に

プアーワード

「あなたの企画は、具体例が少ないから聞いている人に伝わらなかったんじゃないの？　もう少し工夫すればよかったのに……」

リッチワード

「あなたの企画力は十分に素晴らしいわ。今度は必ず入選できるわよ」

＊指摘したい点があっても決して言わないこと。彼は自分でも気づいているはずです。それよりも、彼の素晴らしい面を強調しましょう。

彼がソファでゴロゴロしているとき

プアーワード

「私だって疲れてるのに、ゴロゴロしないでよ！　掃除の邪魔！」

リッチワード

「疲れてるのね。お仕事ごくろうさま。ゆっくり休んで」と言って布団でもかけて立ち去る。

＊これは逆心理学です。こうされると彼はかえって罪の意識を感じ、起きはじめるのです。ずるい？　とんでもない！　あなたは賢いのです！

一緒に夕飯の買い物をしているとき

プアーワード

「このトロおいしそう！　でも、高くて買えないわ。安いほうにしよう」

リッチワード

「このトロおいしそう！　今日は奮発してごちそうにしようか。あなたがいつも一生懸命働いてくれているから、感謝の意を込めて……」

宝石店をのぞきながらの会話

プアーワード

「うわ～、このダイヤの指輪すてき～。でも、今の収入じゃ無理ね～」

＊「そんなことないぞ」といきがる彼もいるかもしれませんが、多くの男性は「そうだよな。俺はダメな男だよな」と思うでしょう。

リッチワード

「うわ～、このダイヤの指輪すてき～！　でも、高いなぁ～。まあ、いいや。我慢、我慢。家族が健康で毎日生活できているだけで十分ありがたいわ。あなた、いつも本当にありがとうね」

＊このように言われると、彼はなんとしても彼女に、この指輪を買って驚かせたいと思います。

家族で久しぶりに外食をしたとき

プアーワード

「お金があったら、もっといいレストランに行けるのにね」

「もっと収入があったら、たくさん外食できるのにね」

リッチワード

「おいしい料理を食べられるのは、お父さんのおかげね」

＊子どもたちの前で、彼に対する感謝の気持ちを言うと、彼は「こんな理解ある妻のために、家族のために、もっと何かしてあげたい」と思います。

あなたもやっていない？　彼のやる気を失わせる4つの話し方

さまざまなリッチワード、プアーワードについて述べてきましたが、ここでは女性がついしてしまいがちな話し方について、お話ししたいと思います。心当たりのある方は、これを機に彼への話し方を変えていきましょう。

①グチっぽい話し方

男性は何をするにも目的が必要です。女性と違って、目的がないと動けないのが男性です。会話をするときも同様で、何のために話をしているのか、つねに頭の中で論理的に組み立てながら会話をしています。

ところが、グチというのはその１８０度、真逆にあるもの。ただ言いたいことをダラダラ話し、結論がないのがグチです。

女性はグチが大の得意ですが、これを男性に聞かせると、たいていの男性が黙ってしまうか、イライラして怒り出すかでしょう。**彼らは、目的がないことをダラダラ聞かされても、どうすればいいのかわからない**のです。

ところが女性は、そんな男性の対応に腹を立てて「ちゃんと聞いてるの？」「あなたは何もわかってくれない」と、さらにグチを続けます。ひどい場合は、「こんなに私が一生懸命考えてるのに、あなたは何も答えてくれないじゃない！」と言って、泣き始めることも。

こうなると、男性はお手上げです。「泣いてはいけない」と教えこまれ、「泣く」という感情に関して違和感を持つ男性は、泣く女性を前にして、おろおろするばかり。何の解決にもなりません。

男性に自分の気持ちをわかってほしいなら、延々とグチを聞かせるよりも、言うべきことはその場で手短かに言って、あとは何も言わないほうが効果的なのです。

②「なんで?」「なぜ?」と彼を責める話し方

「なんですぐに動いてくれないの?」「なんでそれくらいのことができないの?」「なぜ、そんなことをしたの?」

私たちは何かよくない出来事が起きると、このような言葉でつい相手を問いただしてお説教をしてしまいがちですが、お説教されればされるほど心を閉ざしてしまうのが人間ですよね。

「なんで」「なぜ」が最初につく言葉は、「責め言葉」といって、主語がすべて「YOU」になっています。

「(あなたは)なんですぐに動いてくれないの?(私だって忙しいんだから、それぐらいやってよね)」

「（あなたは）なんでそれくらいのことができないの？（私ならすぐできるのに）」
「（あなたは）なぜそんなことをしたの？（きっとまたいつものようにいい加減にしたんでしょ）」など。

その行間に含まれる意味はネガティブなものであることが多いのです。それは**口に出さずとも、相手はちゃんと感じ取っている**はず。

また、「なんでそうなの？　だいたいあなたは〜」とお説教が始まると、彼は無口になって、小さな子どもに還ってしまいます。小さい頃、母親からお説教されたときの自分とだぶってしまうのです。

男性はお説教をされると、**「自分は無力な存在なんだ」と自信をなくし、あなたに反抗し始めるようになります。**

それに加え、お説教は、彼には単なる雑音。彼は自動的に耳をふさいでしまう（聞いていない）ことがほとんどなので、効果はまったくありません！

③人前で恥をかかせる話し方

あなたは人前で、彼に恥をかかせるようなことを言っていませんか？

たとえば、「彼の稼ぎが悪くて……。本当に大変よ！」「家でテレビばかり見ていて何もしてくれないの」「○○さんのご主人は仕事もできて子煩悩でうらやましいな。それに比べてうちの主人は……」など。

男性は個人的なことを他人に言われることほど、嫌うことはありません。女性よりもエゴが強い分、気持ちが繊細で傷つきやすいのです。

このように人前で彼に恥をかかせるような話し方をすると、**彼はやる気を失うだけでなく、あなたを軽蔑し始めたり、嫌気がさしてきたりします。**

そして、「こんな女のために働くか！」とイジケてしまうのです。

④命令口調・怒鳴りつける話し方

パートナーや子どもから英雄として扱われたい、王様気分になりたい……それが男性というものです。それなのに、女性から命令されたり、怒鳴られたりすると、たちまちプライドに傷がつき、その場から逃げたくなります。

どうしても彼を怒鳴ってしまうという人は、**怒鳴らなければいられないあなた自身を癒す必要があります。**

人に厳しくしたり、暴言を吐いたりして周りの人にやつ当たりをするのは、自分が苦しい証拠。

会社で上司に当たり散らしたら、あなたは即刻首にされますし、近所の友人に命令したらすぐに仲間外れにされますが、夫や子どもに当たり散らしても、首にされたり、仲間外れにされたりすることはないので、家族に八つ当たりをしてしまうのです。

6章にも書きましたが、まずは、自分を癒すことから始めましょう。

Column

彼があなたに言いたいけれど言えない言葉

女性よりもエゴが強く、プライドも高い傾向にある男性は、そう簡単に正直な気持ちを外に表すことができません。そこで、日常によくありがちな場面を例にとり、彼が本当はあなたに言いたいけれど言えない本心をあげてみました。彼のせつない気持ちを知ると、リッチワードが言えるようになるかもしれませんよ。

●「仕事のことでとやかく言うなよ！」とイライラしているときの彼の本心は、「僕、じつは精神的につらいんだよ～」

●「子どもはあまり甘やかさないほうがいいぞ」と言うときの彼の本心は、「子どもだけじゃなくて僕のこと、もっとかまってよ」

●仕事がうまくいかず家でゴロゴロしているときの彼の本心は、「ねぇ～。僕の気持ちわかってよ～。助けてよ～」

●「放っておいてくれよ」というから放っておいたときの彼の本心は、「えっ、僕のことなんとも思ってないの？　コーヒーくらい入れてくれてもいいじゃん」

●毎晩のようにバーやスナックに寄って帰宅する彼の本心は、「バーのママさんみたいに、どうして僕をほめてくれないの？」

●「電気代も上がったし、お味噌だって50円位値上がりしたし、嫌ね」とあなたが何気なくグチをこぼしたときの彼の本心は、「僕の稼ぎが少ないっていうの？　いい加減にしてくれよ！」「また金の話かよ。俺、ちゃんと給料入れてるじゃん」

●「お隣さん、今度家族でハワイ旅行だって。うらやましい〜」のあなたの言葉に、「だったら、一緒についていけば？」と皮肉で答えた彼の本心は、「僕も本当は君を連れていきたいよ」

●「この煮付けはしょっぱすぎる！」と料理に文句を言う彼の本心は、「外では他人にぺこぺこ。食卓ぐらいは自分がボスだと思わせてくれよ」

第5章

彼の「エゴレベル」で変わる！
最短で効果を出す方法

彼をお金持ちにする近道は「エゴレベル」によって異なる

「エゴ」という言葉はよく耳にしますが、どのような意味かご存じですか？

辞書を開くと、「自我」「利己的」「わがまま」などさまざまな意味がありますが、この本では〝外づら（他人に自分をよく見せたい）〟という意味で使うことにします。

なぜ、ここでエゴの話をするのかというと、「彼をお金持ちにさせたい」と相談にくる女性たちに、同じ方法を教えても、彼がお金持ちになるまでの期間にだいぶ差があることに気づいたからです。


ある人は1カ月で大企業に就職が決まったと報告があれば、ある人は2年かかってやっと経済的に安定したと、その差は無視できないものでした。

最初、彼女たちがリッチアクションとリッチワードをどれくらい忠実に守ったかの差だと思ったのですが、じつはそれだけとは言えないことがわかってきたのです。

それは、「彼のエゴレベル」。**彼がどれくらい自分を相手によく見せたい傾向があるかで、リッチアクションとリッチワードの効果が出やすい場合と出にくい場合があることがわかってきた**のです。


このようにお話をすると、「どんなに私が努力をしても効果が出なかったら、やる意味がないのでは？」と疑問に思うでしょう。

でも、心配ご無用！

エゴレベルに合わせて、リッチアクションとリッチワードを効果的に実践する方法をお教えいたします。それに、彼を立てるリッチアクションと、彼をほめるリッチワードは、されて嫌な人は誰一人としていません。必ず効果が出るはずです。

さぁ、あなたの彼はどのエゴレベルでしょうか？

次のページからのエゴレベルを読んで、ぴったりだと思うものを探しましょう。

エゴレベルに合ったリッチアクションやリッチワードを実践することで、彼をお金持ちにする近道を手に入れてください！

✲あなたの彼はどのエゴレベル？

この本では、エゴレベルを「強い」「中間」「弱い」の3段階にわけて説明しています。ここではもっとも特徴的な傾向をあげているので、一番強く出たときの言葉や行動と考えてください。エゴレベルごとの特徴を読むと、あなたの彼がどのレベルにいるのか、きっと予想がつくでしょう。リッチアクションとリッチワードをより効果的に使うための参考になれば何よりです。

✲エゴレベルが強い彼／見栄っ張りな人

◎彼の特徴

【長所】

□ いい評価を得たいので、粘り強く、踏ん張りが効く
□ 悔しい思いをバネにして、勢いをつけることが得意
□ 負けず嫌いで、寝る間も惜しんで仕事をするため、出世が早い

□人に教えるのが好き
□お金の面では大盤振る舞いをする

【短所】
□気分にムラがあり、お調子者
□他人の意見を聞かないなど、頑固な面を持っている
□何かよくないことは他人のせい
□外見では強がりを言っていても、じつは自信がなく気持ちは常に不安定。周りの目を気にしては、ちょっとのことで傷つきやすい
□人に認めてもらいたい気持ちが強く、見栄っ張りで、自信過剰に見られる
□気持ちに余裕がないため、自分のことしか考えられず、周りからは極めて自己中心的と見られがち

◎彼がよく口にする言葉

【ポジティブな言葉】

- □「あいつには絶対に負けない！」
- □「大船に乗ったつもりで、僕にまかせてくれ！」
- □「絶対になんとかするよ」
- □「僕ならやりこなせるに決まっているよ」
- □「君は安心して僕についてくればいい」

【ネガティブな言葉】

- □「自分のことはよくわかってるから、口出しするな」
- □「世の中は不公平だ」
- □「あいつのせいだ！」
- □「入社したばかりの若者がもう昇進したんだ。会社も甘いよな〜」
- □「なんで自分だけがこんな思いをしなきゃいけないんだ」
- □「お前なんかに、俺の気持ちがわかるもんか」

リッチアクション・リッチワードの使い方

常に人によく思われたいこのエゴレベルの彼は、ほめられると、すぐにその気になってがんばります。ですから、大げさにリッチアクションとリッチワードを実践しましょう。

あなたが、リッチアクションとリッチワードをどんどん使うことで、彼はどのエゴレベルの人よりも早くお金持ちになっていきます。

それだけ一筋の道を突っ走るので、ときどき、肝心なあなたのことを忘れてしまうこともありますが、そのときは、彼に負けずに「強い女性」でいてくださいね。

✲エゴレベルが中間の彼／穏やかな人

◎彼の特徴

【長所】

□気持ちが穏やかで、精神的に健康。そう簡単には傷つかない
□静かな自信にあふれている
□しいて自分をよく見せたいと思うことなく、見栄を張ることもない
□周りの環境に染まらず、言うべきことはハッキリと言う
□人の意見をちゃんと聞いて取り入れようとする
□特に刺激がない生活でも、退屈をすることなく充分に満足できる
□小さなことに喜びを感じる

【短所】

□今の暮らしに満足している場合が多く、あまり向上心がない
□ライバル心を燃やすことが少ない

□ はっぱをかけられないとやらない
□ 自分のペースを崩さないので、時代の流れからおいていかれることも
□ 一人でも平気なので、友人が少なくいつの間にか孤立していることも

◎彼がよく口にする言葉

【ポジティブな言葉】

□「へぇ〜、そういう見方もあるんだ」
□「それはおもしろい。一度試してみたいから、その情報、もっとくれる？」
□「俺、やることやってなかったから、自業自得だよなぁ〜」
□「どうしたらいいと思う？」
□「ミスしちゃったよ。またやり直すしかないな」
□「僕の間違いだ。ごめんね」

【ネガティブな言葉】

□「そんなにあせらなくてもいいじゃないか」

□「一人で考えさせてくれよ」
□「えっ、その約束今日だったっけ」
□「君は人の目を気にしすぎだよ」

リッチアクション・リッチワードの使い方

自分に自信もあり、気持ちも安定しているこのエゴレベルの彼に、あまり大げさなリッチアクションやリッチワードは必要ありません。

何かしてくれたときにその場ですぐ「ありがとう。さすがあなたね」と、穏やかな調子で伝えたり、ポジティブな態度で優しく誘導してあげたりするだけで、十分あなたに感謝をしてモチベーションを上げてくれます。

ただ、何をするにものんびり屋さん。圧力がかかると、慌てておっちょこちょいなことをするのがたまにきずです。

エゴレベル中
それはいいアイデアだね。
僕も試してみるよ。

＊エゴレベルが弱い彼／おとなしい人

◎彼の特徴

【長所】

□極めて腰が低く、争いになることがない
□相手の意見を受け入れる優しさがある
□家庭的で、家族を大切にする
□どんなに嫌な仕事でも文句一つ言わずにやり通す

【短所】

□自分に自信がなく、消極的。どちらかというと引っ込み思案
□気分が落ち込みやすい
□人に利用されやすく、損をすることが多い
□疑い深く、相手のすることに何か意図があるのではと考える
□何かよくないことが起こると「自分のせいだ」と自分を責める

◎彼がよく口にする言葉

【ポジティブな言葉】

□「君って頭がさえてるねー」

□「疲れてるだろ。僕が代わりに買い物に行くよ」

□「君の言う通りだと思うよ」

□「あっ、また間違えちゃった。ごめんね。許してくれる？」

□「もっと、他にすることある？」

【ネガティブな言葉】

□「僕なんか、いくらやってもダメだよ」

□「僕にそんないい話がくるわけないよ」

□「僕のことは、どうでもいいよ」

□「○○さんの言う通りです。申し訳ありません」（自分が悪くなくても謝る）

□「あいつ、僕をさげすみやがって」と独り言

□「君が決めてくれよ」

リッチアクション・リッチワードの使い方

疑い深く、調子にのせにくいため、あまり大げさにほめられたり、急に優しくなったりすると「何か裏があるのでは？」と勘ぐってしまうかもしれません。

そこで、最初は軽い調子で「あなたならできるわよ」とさりげなくリッチワードを口に出し、彼の様子を見ながら徐々にモチベーションを上げていきましょう。

ほめられることに慣れてきたら、少しオーバーなリッチアクションやリッチワードも自然と受け入れられるようになります。

彼は、あなたが自分の味方と思えば、かなり気持ちをオープンにしてくれるタイプ。彼の信頼を勝ち取ったら、チームワークを感じさせて、彼に自信をつけるように誘導してあげましょう。

エゴレベル弱
だめだよ、僕なんて…
何やってもダメなんだ…

エゴレベルが中間の人の貧乏メンタリティーに注意！

エゴというのは決して悪いものではありません。エゴが強すぎても弱すぎてもいけませんが、ある程度のエゴは、モチベーションを保つ原動力となってくれます。その点からすると、エゴレベルが「中間」の彼は、もっとも精神的に健康な人なので、本来ならかなりのお金を家に運んできてもいいはずです。

それにもかかわらず、経済的に困っているという場合は、彼自身も気づいていない「貧乏メンタリティー」を持っている可能性が大。

私たちは両親からお金に対する考え方を教わり、それを受け継いでいますが、そこに入っている「**お金持ちになれない教え**」**こそが、貧乏メンタリティー**です。

貧乏メンタリティーを持っていると、それが潜在意識に刻み込まれているので、お金持ちになれるチャンスをブロックしてしまうのです。

✲親から植え付けられたお金持ちになれない教え

私は以前、熱帯魚を飼っていましたが、留守にするときは、メキシコ人のマイクという男性に世話をお願いしていました。

彼は自分に自信もあり、努力家で、エゴレベルは中間。人柄も仕事ぶりも素晴らしいのですが、こうして人の家で熱帯魚の世話をしては小遣いを稼いでいるばかりなので、婚約者の彼女は「こんなんじゃ、いつまでたっても結婚できないわ」とグチをこぼしていました。

あるとき、彼がとてもよく熱帯魚の世話をしてくれたので、いつもより多めの85ドルを手渡すと、彼は「多すぎるよ。20ドルくらいで十分だよ」と受け取ろうとしません。じつは、今までも支払い時にこうしてよく押し問答になっていたのです。

私もつい意地を張って「そんな貧乏メンタリティーでいると、一生お金に困るわよ!」とマイクに向かって言ってしまいました。

するとマイクは静かに「だって、おやじに『僕らメキシコ人はもともとお金には縁がないんだから、少しでももらえたらラッキーだと肝に銘じろ』って言われてきたから……」と言うのです。私は、彼の潜在意識に刻み込まれている貧乏メンタリティーは「これだ！」と思いました。

そこで、マイクの思考を変えるべく、彼の頭にこびりついている父親からのお金持ちになれない教えを、アファメーション（肯定宣言）や他の手段で徹底してポジティブに変え、お金持ちメンタリティーを植え付けました。

また、婚約者の彼女には、リッチアクションとリッチワードで彼を励まし続けることを教えました。

すると、もともとエゴレベルも中間で健康的な精神を持つ彼は、1年もしないうちに不動産関係の資格を取って、数億ドルの物件を売買するようになり、どんどんお金が入ってくるようになったのです。

今では、4ベッドルームの家を購入し、婚約者と結婚することも決まっています！

✲貧乏メンタリティーを発見したら、気づかせるのはあなた

子どもの頃に親から「お前は何をしてもダメなやつだ」と言われ続けてきたり、「なんでお兄ちゃんのようにできないの？」と比較され続けてきたりすると、それが貧乏メンタリティーとなり、大人になって仕事に就いても「どうせ自分みたいなやつは評価されない」「やっぱりあいつにはかなわない」と、いつまでたってもお金と縁遠い生活をすることになってしまうことがあります。

そこで、彼と子どもの頃の話や、お金の話をする機会があれば、どんな教えが彼の潜在意識に刻み込まれているのか、注意深く観察してください。

そこに貧乏メンタリティーが隠れていたら、それを、パートナーであるあなたが気づかせてあげましょう。

小さい盆栽も大きな鉢に植え替えれば大きく育つのと同様に、彼のお金に対する考え方の枠をはずしてあげることで、お金持ちになる道が開けるのです。

あなたの彼はサラリーマンタイプ？自営業タイプ？

男性に限らず誰でもそうですが、私たちは働くスタイルとして「サラリーマンタイプ」か「自営業タイプ」に分かれます。

サラリーマンタイプとは、組織の中に属することを望み、安心感（毎月お給料がもらえる）を求めるタイプで、やることが決まっている中で能力を発揮していきます。

一方、自営業タイプは、組織の中よりも自分で考えたことを実行するクリエイティブな思考を持ち、あるときはリスクをとることもできるタイプです。

どちらになるかは、親の仕事によるところが大きく、サラリーマン家庭で育った人はサラリーマンタイプに、親が会社経営をするなど自分で仕事をしていた家庭に育った人は、自営業タイプになることが多いようです。

✲彼にあったフィールドで能力を発揮できるようにサポート

彼をお金持ちにしたいなら、じつは、このタイプを見分けることが大切。

たとえば、あなたがサラリーマンタイプで、彼が自営業タイプの場合、彼が仕事を辞めてお店を開きたいなどと言ったら、不安になるでしょう。毎月お給料が保証されているわけでもなく、開店資金を出すなどのリスクもともないます。

するとあなたは「そんなこと言わないで、もう少し会社にいてよ。お店が失敗したらどうするの？」と彼に聞いてしまうかもしれません。

しかし、どうしたら、いろいろなところからお金が入ってくるかを考える自営業タイプにとって、リスクを覚悟で仕事を始めることは、それほど無謀なことではありません。あなたが彼のタイプを見

極めて彼の考えを受け入れる努力をしなければ、彼は苦痛になってしまうだけです。

彼が自営業タイプで、将来のビジョンがはっきりしていれば、リスクはともなっても、成功してお金持ちになる可能性は十分高いのです。そうなるように、リッチアクションとリッチワードで導いてあげるのがあなたの役目です。

もし、彼がサラリーマンタイプなら、組織が必要ですから会社の中で十分に能力を発揮できるように、あなたがリッチアクションやリッチワードで導いてあげましょう。彼は、自分に合ったフィールドの中でエンジンをフル回転させ、お金を運んでくるようになるでしょう。

エゴレベルは接し方次第で変わる！

「彼の強いエゴをもう少し弱くすることはできるかしら？」「エゴが弱い彼にもう少したくましくなってほしいけど可能？」

と不安に思う人もいるでしょう。

そこは大丈夫です。安心してください！

あなたが彼にどう接するかによってエゴレベルは変わっていきます。あなたが彼にリッチアクション、リッチワードを実行し、彼を励まし続ければ、エゴの強い人も弱い人も「中間」レベルにもっていくことができるのです。

たとえば、エゴの強い彼が「俺は○○もできるんだ。すごいだろ」といつも自慢話ばかりする場合は、「その通りね。あなたはすごいわね」と肯定し続けてあげま

す。すると彼は、**そんなに見栄を張らなくても認めてもらえることを理解するので、エゴが弱まり、自分の中に確固たる自信を見いだせるようになる**のです。

逆にエゴが弱く「どうせ俺なんか会社にいたって役に立たない」が口ぐせの彼には、「あなたならできるわよ。大丈夫。私も応援しているから」とそっと励まし続けてあげましょう。

すると、「**こんな自分でも寄り添ってくれる人がいる**」**ということを実感し、エゴを強め、やる気を出してくれるようになる**のです。

彼の精神面の健康を管理するのは、そう、パートナーのあなたしかいないのです。

結婚前の女性が知っておきたい彼を選ぶ条件

すでに結婚されている人は、今まで述べてきたように、リッチアクションとリッチワードで彼をお金持ちに導くことが可能です。でも、もしあなたがまだ独身なら、お金持ちになる可能性の高い男性を選ぶことができるのです！

それはどんな男性かというと、エゴレベルが「中間」でバランスの取れている人。健康なエゴレベルの男性は、静かな自信にあふれているので、周りに流されることなく、自分らしさを発揮しながら確実にいい仕事をするからです。

ところが、女性は結婚相手を、高収入、高学歴など、経済力に関する条件で選びがちです。それは当然と言えば当然です。子どもを産み育てる女性は、生活の安定を何よりも重視するので、お金を稼いでいる男性のほうが魅力的に映るからです。

しかし、経済力だけに焦点をあてると、偏った見方しかできなくなるので要注意！

たとえば、エゴが強く、会社に文句を言うぐらい強気な、高収入の彼に対して、恋愛中は「さすが、しっかりした考えを持っている人！」とポジティブに考え、エゴが強いことも気になりません。それどころか、エゴの強さに惹かれます。

しかし、結婚してしばらくたち、考え方の違いから言い争いになったりすると、「自分勝手で生意気な人！」とエゴの強さが気になり出します。

そんな彼に対し愛情が冷めていくと、あなたは彼に冷たい態度や心ない言葉をかけるようになるでしょう。こうして、高収入だった彼はやる気をなくし、仕事がうまくいかなくなったりするのです。

生涯を通じて豊かな経済力の男性と一緒になりたいと思うなら、**結婚するときに高収入でなくても、その可能性が十分にある、エゴレベルが中間の男性を見極めることがポイント。**気持ちの安定した彼であれば、どんな厳しい時代になっても、それを乗り越えて、あなたに豊かな富を運んできてくれるでしょう。

Column

お金持ちになる可能性の高い彼の見分け方

ここでは、将来お金持ちになる可能性の高い男性を見極めるために、エゴレベルが中間の男性によくみられる言葉や態度について、具体例をあげてみました。ぜひ参考にしてください。

- 「みんなの意見はそれか〜。でも、僕はやっぱりこっちにする」と、周りの意見に流されず自分の意思を貫く
- 気分を害したときも「カッカしてごめん。話し合おう」と、八つ当たりすることなくじっくり話し合おうとするし、自分が悪いと思えば素直に謝る
- 「あれっ、違う高速道路に入っちゃった。ふ〜ん、この道からも目的地につけるかも」と、慌てふためくこともなく、常に落ち着いている（ちなみに、男性の性格は車

の運転中に、はっきりと表れます）

●「へぇ～。そりゃいいアイデアだ。僕も試してみるよ！」と、人の意見をよく聞いて、いいものは取り入れる

●「高級スポーツカーより、安全な車が好きだよ」と、見栄を張ることがない

●「君、いつもデートの時間に遅れてくるね。これからはきちんと時間通りに来てくれる？」と、言うべきことはハッキリと言う

●「先週、家族で箱根に行ってきたよ。今度一緒に来ない？」と、家族と仲がいい。

第6章

「リッチアクション」「リッチワード」を上手に実践するためのQ&A

Q1 子育て、家事でやることが山積み。彼に優しくできません。

彼に対し、リッチアクション、リッチワードを実践しなければと思うのですが、子どもの世話や家事に追われ、イライラして、どうしても彼に優しい言葉をかけられません。どうすればいいですか？

A 週に一度は自分の空間を確保しましょう

現在のあなたは自分に余裕がない状態です。

まずはあなた自身が元気を取り戻す必要があります。そこで、自分を取り戻せる時間や場所といった、自分の空間を作りましょう。

一人でゆっくり読書をする、友達とおいしいレストランに出かけておしゃべりをして盛り上がる、カラオケでストレスを発散する……など、あなた自身が自分を取り戻せる方法ならなんでもOK。ただし、友達と誰か（特に彼）の悪口、グチを言うなどはNG。自分の心をケアすることが目的なので、自分のことに専念しましょう。

できれば、1週間に一度は自分の空間を作ってください。忙しい人は1時間でもかまいません。こうして自分の空間を確保すると、心身の疲れも減り、心も安定し始めるので、今まで不満に思っていた彼の一挙一動がそれほど気にならなくなったり、それどころか、彼を助けたいという気持ちさえわいてきます。

自分の心に余裕を持たせることは、自分を大切にするということです。自分のことを大切にすると、彼のことも大切にできるようになるので、リッチアクションやリッチワードも実践できるようになるでしょう。

Q2

年々収入ダウン。節約疲れで彼を励ます気になれず……。

彼はひとつの職場に1年といることができず、転職を繰り返すたびに、収入は減る一方。今は家計をきりつめて、暮らしている状態です。節約疲れをしてしまい、彼を励ます気にもなれません。

A

ネガティブな考えをポジティブに変えましょう

節約ばかりする習慣が身につくということは、貧乏メンタリティーが身につくということ。あなたは「そのうちに彼は失業して、無収入になっちゃうかも」などと最悪のことを考え出し、どんどん惨めな気持ちになるばかりです。

まずは、「彼が転職ばかりしている」というネガティブな考えをポジティブにとらえるように努めてください。

「彼って、家族のためにいろいろな仕事をして、一生懸命努力をしてくれている」「そのうちに必ず天職にたどりつくわ。そしたら、家計もずっと楽になる。あなた、ありがとうね」と、こっそりとこの文を言葉に出して言い続けてください。最初は違和感を抱いても、練習を重ねていけば本当にそう思えてくるでしょう。

すると、彼に自然にリッチアクションをとれたり、リッチワードを言えたりするようになります。彼はそんなあなたの態度に力づけられ、「僕は一人じゃない！」と新たに、冷たい現実に向かってエンジンをかけ始めるのです。

あなたもつらいと思いますが、彼の立場も考えてみましょう。誰だってできれば転職などしたくありません。もしかしたら、耐えられないようなストレスがあったのかもしれません。それでも、「家族を養わなければ」という気持ちで、次の仕事、次の仕事と探しては懸命にがんばってくれている可能性が高いのです。

彼を励ましたり、元気づけたりすることは、ダイレクトに将来の豊かな生活につながります。そう思えば、あなたも新たな行動をとれるでしょう。

Q3

彼を助けたいけれど、どうしても実践する勇気がでません。

なんとか彼にお金持ちになってほしいと思うので、リッチアクションやリッチワードを試そうと思いますが、そんなことを言ったら、彼はますます調子に乗って、お金持ちになろうという気持ちなど吹っ飛んでしまうのではないでしょうか。

そう思うと、なかなか実践する勇気がでません。どうすればいいですか？

A

「エネルギーの法則」を理解しましょう

エネルギーの法則とは、常に思っていることが現実化するという法則です。

「彼をほめたら、よけい逆効果！」ということばかり考えていると、そこにエネルギーが集まり、結局は、それが現実化してしまうのです。

クライアントの女性で、素敵な男性と巡り合いたいと思っているのに、付き合う男性はなぜかいつも、ケチでコントロールしたがりといった同じような男性ばかりという人がいます。彼女は、「ケチで、コントロールしたがりの男性は嫌だ」ということに、あまりにもたくさんのエネルギーを注いでしまったため、その状態を自分で現実化してしまっていたのです。


そこで私は、彼女に「私の彼は、お金に寛大で、私を自由にさせてくれる人です」という肯定宣言を何度も繰り返す練習をさせました。その結果、数カ月以内に理想の男性に巡り会うことができました。自分が望むものに集中したことで思い通りの結果が出たのです。これがまさしくエネルギーの法則です！

ですから、「リッチアクションやリッチワードを実践すれば彼はお金持ちになれる」ということにエネルギーを注ぎましょう。そうすれば、必ずそれが現実化します。

Q4 何もしてくれない彼を、なぜほめなくてはいけないの？

彼は1年前に失業して以来、働く気がすっかり失せて、家でゴロゴロしています。今は私が働き、生活を支えている状態。彼にはお金を稼いでほしいと思いますが、すっかり愛想を尽かし、今さら信じることなどできません。だいたい、稼げないのは彼のやる気がないからじゃないですか？私のほうこそほめてもらいたいぐらいなのに、なぜ何もしない彼をほめなければいけないの？

こんなふうに思ってしまうのですが、どうすればいいですか？

A 女優になったつもりで演技をしましょう

大変な思いをされているのですね。あなたのお気持ちはもっともだと思います。なぜ女性ばかりが自分を変える努力をしなければならないのか、相手にも努力してほしい――と思うのは当然でしょう。

しかし、あなたの態度が変われば、彼の態度もそれなりに変わっていきます。それは、最初のチップが倒れると、後は次々に他のチップが倒れていくドミノのように、彼はあなたの影響で変わらざるを得ない状態にさせられます。気がついたら、彼は一生懸命に仕事を探しに出かけていたというシーンに出くわすはずです。

そこで、「彼をそこまで愛していないし、ほめ言葉を言うなんて癪《しゃく》にさわる」という人は、女優になったつもりで演技をしましょう。「得するのは自分！」と思えば、女優さんになりきれるかもしれません。

愛していなくてもかまいません。怠惰で収入が少ない男性に愛情が薄れるのは当然です。こんな状態のときはなおさら、彼に愛情のある言葉など言えません。

相手を尊敬できなくなると、人はどうしても批判的な言葉が多くなりがちです。

だからこそ、「彼をお金持ちにするための手段」として演技に徹するのです。演技と思えばできますよね。

仕事が好きな女性であれば、「彼をお金持ちにする」ことをビジネスゴールと考えてもいいでしょう。目的のために手段をとっているだけのことです。そう考えれば、腹もたちません。

それでも、彼を信じ、ほめ言葉を言うのは難しいという人は、「彼をお金持ちにしたいか、したくないか」と自分に問うてください。

彼がお金持ちになると得するのは誰でしょうか？

それはあなたです。

大きな家に引っ越せるかもしれませんし、欲しい物を買い、毎年ハワイに行くような豪華な生活ができるかもしれません。

株や投資信託に投資するのは、その見返りを得るためですが、それと同様、彼に優しさを「投資」して、彼をお金持ちにする見返りをもらうのです。

ちなみに、あなたの目には、彼はゴロゴロしているように見えるかもしれませんが、彼は仕事をなくしたことで、自分の価値を見いだせず、うつの状態になっている可能性もあります。

うつ状態になると、集中できない、常に疲れる、自己批判をするなど、いろいろな症状が出るので、外に出て仕事を探す気になどなれません。これを他の人が見ると、ただ怠けているようにしか見えないことがよくあります。

うつ状態になった男性はとてもつらい思いをしていますが、プライドもあるので、「僕、今、気分が沈んでいるんだよ～」とは口が裂けても言えず、どんどん誤解されてしまうのです。

以上のようなことを考慮すると、とってもいい女優になれませんか？

おわりに

最後までお読みいただきまして、ありがとうございます。

彼をお金持ちにすることは、できそうですか？

この本をお読みになって、「オーバーなリッチアクションやリッチワードは、アメリカ人だからできるのであって、日本人にはできない」と感じた人も多いかもしれません。

でも、決してそんなことはありません。アメリカ人女性に比べたらおとなしい日本人の主婦にだって、効果が出ることは検証済みです！　私のクライアントの半分は米国に住む日本人ですが、見事に彼をリッチな男にしています。

もちろん、最初から上手にできなくて当たり前。できるところから、少しずつ変えていきましょう。あなたの手で、あなたの彼をお金持ちにしてください！　うれしい報告を待っています。

Dr. Tatsuko Martin

Dr.
Tatsuko
Martin

Dr.タツコ・マーティン

臨床心理学博士、心理カウンセラー

[経歴]

ミラクルガイドコンサルタント、ビジネスコンサルタント、敬愛カウンセラー学院特別外来講師。サンディエゴ州立大学にて、カウンセリング教育修士号を取得。その後、サンフランシスコのCIIS大学院にて臨床心理学博士号を取得。現在、米国ロサンゼルスで個人、カップルを対象にしたコーチングやカウンセリング、日米間の電話コーチングなどを行う他、日本やアメリカで講演も開催。
カウンセリング効果は非常に高く、幸せな結婚、仕事の成功、収入アップ、家族・人間関係の向上など、数え切れないほどのうれしい奇跡を起こしている。その他、テレビや、ラジオショーにも出演経験あり。100年以上の歴史を持つロサンゼルスの日系新聞『羅府新報』では「たつ子の相談室」のコーナーをもち、現在11年目に至る。

[著書]

『母の呪縛から解放される方法』『夜を変えれば奇跡がどんどん降ってくる！』『直感を磨けば何でもスイスイうまくいく！』（以上、大和書房）、『うれしい奇跡を起こす方法』『運命の相手に出逢う本』『願いがつぎつぎに叶う幸運セラピー』『運のいい体質になるおうちカウンセリング』『心もオーラもすっきりピカピカ！　魔法のお祓いBOOK』（以上、かんき出版）、『「エナジーバンパイア」から身を守る方法』（扶桑社）、『やさしい言葉で心を満たせば素敵な奇跡がやってくる』（主婦の友社）、『パートナーにずっと「大好き」と言ってもらえる本』（PHP研究所）。

★メールマガジン
「人生にうれしい奇跡を起こす
Dr.タツコの幸運アドバイス」発行中
★Androidアプリ
「LOVE心理学from LA」にて、新着コラム配信中
★Dr.タツコHP
http://www.drtatsuko.com
★日本エージェント（株式会社チア・アップ）
http://www.cheerup-inc.com

彼をお金持ちにする方法

2012年10月19日　初版第一刷発行

著者　Dr. タツコ・マーティン

装丁・デザイン　小口翔平＋西垂水敦（tobufune）
イラスト　丹下京子
編集　梅木里佳（チア・アップ）

発行人　後藤香
発行所　株式会社メディアファクトリー
〒150-0002 東京都渋谷区渋谷3-3-5
TEL 0570-002-001（カスタマーセンター）

印刷・製本　株式会社光邦

ISBN978-4-8401-4855-9 C0012